“短视频+直播”这样带货

李世化 / 著

台海出版社

图书在版编目（CIP）数据

“短视频 + 直播”这样带货 / 李世化著 . -- 北京：台海出版社，2021.5

ISBN 978-7-5168-2965-3

Ⅰ. ①短… Ⅱ. ①李… Ⅲ. ①网络营销 Ⅳ. ① F713.365.2

中国版本图书馆 CIP 数据核字（2021）第 064717 号

“短视频 + 直播”这样带货

著　　者：李世化

出 版 人：蔡　旭　　封面设计：华业文创

责任编辑：俞滟荣

出版发行：台海出版社

地　　址：北京市东城区景山东街 20 号　　邮政编码：100009

电　　话：010-64041652（发行，邮购）

传　　真：010-84045799（总编室）

网　　址：www.taimeng.org.cn/thcbs/default.htm

E-mail：thcbs@126.com

经　　销：全国各地新华书店

印　　刷：三河市华润印刷有限公司

本书如有破损、缺页、装订错误，请与本社联系调换

开　　本：710 毫米 ×1000 毫米　　1/16

字　　数：190 千字　　印　　张：14

版　　次：2021 年 5 月第 1 版　　印　　次：2021 年 5 月第 1 次印刷

书　　号：ISBN 978-7-5168-2965-3

定　　价：48.00 元

内容简介

一个街头卖艺的流浪者，想要别人听到他的吆喝声；一个独自北漂的毕业生，想要与人分享他刚搬进的出租屋；一个逃离都市的旅行人，想要收藏大理的苍山洱海。于是，他们来到了短视频时代。

在这里，每个人都有“被看见”的可能，每个人都是内容的“制造商”。当短视频赋予所有人同等的权利时，我们惊喜地发现，原来短视频是为了普通的大多数人而存在的。

本书将从“大多数人”的角度出发，用最通俗易懂的语言讲解短视频的发展历程、各平台的优势特征、系统化的包装运营策略、策划和摄制视频的技巧，以及流量变现的新的操作方式。

我相信，读完此书，你会对短视频有更深刻的了解，会情不自禁地加入短视频的创作和运营。无论你是举着手机还是扛着单反，是来往于都市还是穿梭于乡间。

短视频时代，欢迎你的到来。

前 言

20 世纪 70 年代，在互联网刚刚诞生之时，美国艺术家安迪 · 沃霍尔就提出了著名的“15 分钟定律”：每个人都可能在 15 分钟内出名，每个人在互联网上都能出名 15 分钟。

如今，半个世纪过去了，安迪 · 沃霍尔的设想也成了现实。并且，比安迪 · 沃霍尔的设想更快的是，在短视频成为风口的今天，一个人出名不需要 15 分钟，而仅仅需要 15 秒。

应该说，在崭新的短视频时代，人人都是艺术家，人人都能被看见。不仅如此，我们的娱乐方式和消费习惯也在不知不觉中发生了改变。如果我们留心观察身边的事物，一定会发现，短视频正站在流量池的中心位置，以前所未有的号召力，掀起了一场跟风式消费狂潮。

魔性的传播方式带火了电商平台的“某某同款”，比如“抖音同款网红杯”……

与此同时，短视频也让线下实体店火了一把，一条十几秒的短视频就能达到远超专业广告片的引流效果。

毫无疑问的是，如今的短视频已经成为各大商家和投资方争相抢夺的一块流量宝地。并且，在 5G 技术即将全面普及之际，短视频将依托“无上限”的超快网速和强大的技术支持，为用户提供超低延时、远程操控、随时共享的极佳体验。

这意味着短视频将彻底融入普通人的生活，会有更多的普通用户加入短视频的创作、运营潮流之中，并借助这股天时地利的流量东风，平地而起扶摇直上。未来，短视频创作的门槛将进一步降低，一个好的创意，一次新的尝试，都有可能让我们在“泛娱乐化”的浪潮里激起一片水花。

不过，准入门槛的降低，也决定了行业的鱼龙混杂，短视频运营看似简单，但绝非易事。要想成为符合市场需求的专业短视频运营人才，需要从平台选择、账号包装、内容确立、摄制手法、涨粉引流、变现方式等多方面入手，提升自身的短视频运营能力。

也许，你不知道这些名词代表何意，也不知道如何开始运营短视频账号，但请不要慌张，只要通过学习，你都能掌握其中的诀窍。而我，愿意成为你学习路上的领路人。

应该说，不管是自媒体还是短视频，总有一批勇敢的“探路人”愿意花费时间寻找“出路”，他们在经过长时间的尝试、探索和历练之后，总结出一系列有价值的运营策略。而我有幸，正好是其中的一员。因此，在这本书中我将以过来人的身份，与大家分享短视频的运营之道。

作为短视频行业里敢于吃螃蟹的人，我将把这些年所遇到的挑战和积累的运营经验如实地告诉大家。作为先行者和受益者，我也感到自己承担着一份责任和义务，想要让更多的普通人真正认识和了解短视频行业的发展规律和运营技巧。

我迫切地希望更多的人参与到短视频的创作和运营中来，让这个可以使大众受益的行业稳定长久地发展下去，同时为更多人带来收益。

本书是我运营短视频的所有经验总结，在书中，我分别从养号、内容框架构造、拍摄与剪辑、吸粉、引流、变现等多个角度详细讲解了短视频＋直播创作和运营的方法和技巧。不管你是在短视频运营方面已经具有了一定经验的老手，还是刚刚踏入短视频运营行业的新手，相信你都会从中获得启发。

也许在不久的将来，我们当中的某一人，会成为短视频领域的大佬。到那时，我希望我们仍旧怀抱初心，不急功近利、不被流量左右，用一双发现美的眼睛，去看待身边的人、事、物。因为，我们需要更多的我和你。

目　录

第3章　养号指南：从0到1培养一个热门带货账号

第4章　短视频内容运营，提高粉丝黏性，销量源源不断

第5章　拍摄剪辑：四大摄制技巧，拍出爆款视频

第6章　涨粉策略：教你零成本投入，狂揽百万粉丝

第 7 章 四大引流策略，精准引流，产品疯卖

第 8 章 流量变现：有效的变现技巧，销量翻倍

第 9 章 短视频 + 直播：抓住短视频的新浪潮，成为超级 IP

第 10 章 直播带货：带货百万的必备秘诀

第 11 章 直播突发状况应对，变危机为机会

第 1 章　价值论述：5G 技术引领的短视频行业未来可期

十几年前，“一个馒头引发的血案”为短视频行业埋下了一粒“等待爆发的种子”。

而如今，短视频已经蔓延至千家万户，成为人们生活中不可缺少的娱乐方式。那么，它究竟经历了怎样的蛰伏与发展呢？未来，短视频行业又将走向何方呢？本章，我们将一探究竟。

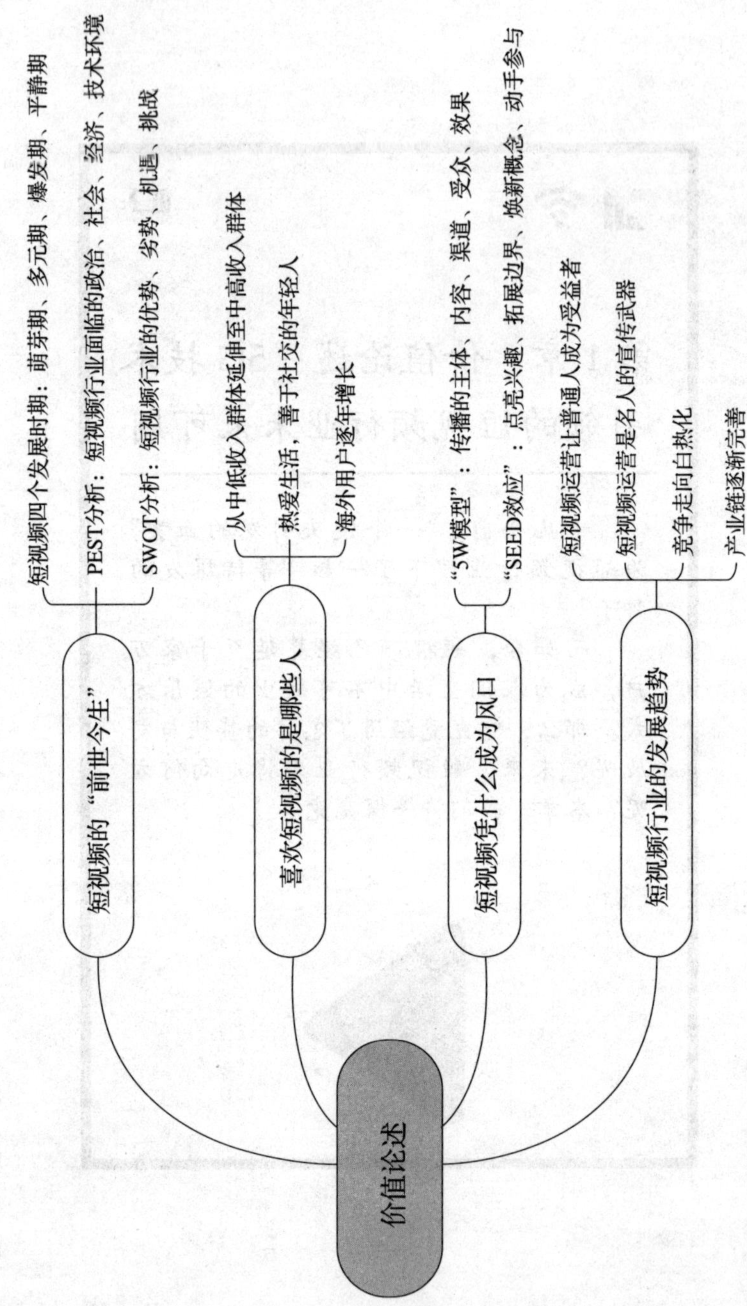
价值论述
短视频的“前世今生”
短视频四个发展时期：萌芽期、多元期、爆发期、平静期
PEST分析：短视频行业面临的政治、社会、经济、技术环境
SWOT分析：短视频行业的优势、劣势、机遇、挑战
喜欢短视频的是哪些人
从中低收入群体延伸至中高收入群体
热爱生活，善于社交的年轻人
海外用户逐年增长
短视频凭什么成为风口
“5W模型”：传播的主体、内容、渠道、受众、效果
“SEED效应”：点亮兴趣、拓展边界、焕新概念、动手参与
短视频行业的发展趋势
短视频运营让普通人成为受益者
短视频运营是名人的宣传武器
竞争走向白热化
产业链逐渐完善

1.1　短视频的“前世今生”：从萌芽到成熟

短视频作为一种全新的内容展现形式，依托社交网络平台兴起并发展，以短小精悍、制作门槛低的特点，在很大程度上满足了受众对于信息的浏览和分享需求。

在经历了野蛮生长、资本乱战、巨头青睐之后，短视频逐渐进入平静期。不过，这并不意味着短视频失去了流量红利，相反，如今的短视频正处于实至名归的流量高地。

1.1.1　前世：短视频四个发展时期

短视频行业的成功不是一蹴而就的，在经历了萌芽阶段的徘徊、多元时期的“百家争鸣”、爆发期“井喷式”的蔓延之后，如今，展现在人们面前的，是一个成熟稳定的短视频市场。

下面，我们来了解一下短视频的四个发展阶段，这将对我们更深刻地认识短视频市场，起到了至关重要的作用。

1. 短视频萌芽期：2004 年 ~2011 年

2005 年年底，国内一位自由职业者对陈凯歌导演的电影《无极》重新进行了剪辑，于是，网络短片《一个馒头引发的血案》横空出世。短片虽然只有 20 分钟，但其无厘头的对话、滑稽搞笑的段子和另类的广告穿插，在网络上引起强烈反响，下载量远远超出电影《无极》本身。

同一时期，阿里巴巴文化娱乐集团推出视频平台优酷和土豆网。2011 年前后，爱奇艺、腾讯视频也陆续上线。虽然这些平台都属于综合类视频网站，却为短视频的发展提供了规范的平台。

除此之外，大众比较熟悉的《老男孩》和由赵奕欢主演的《青春期》

系列微电影，也都在这一时期引起了热烈反响。这类自制或小成本微电影推动了短视频的草根化，培养了网友自主制作视频的意识，为短视频行业的发展打下了基础。

2. 短视频多元期：2012 年 ~2015 年

在短视频萌芽期虽然已有视频网站提供平台，部分人具备了视频创作意识，但国内智能设备还不够普及，网络技术受限，所以短视频行业长期处于蛰伏期。

2012 年之后，智能手机和 4G 网普及，网速得到大幅度的提升，人们越来越喜欢用手机观看视频。由于人们的生活节奏变快，用户更加偏爱短小精悍的内容形式。于是，短视频进入“百家争鸣”的多元化时期。

这一阶段，百度推出了“好看视频”，腾讯推出了“微视”，土豆网也逐渐向短视频转型。

2011 年年初，“ GIF 快手”正式创立，通过制作和分享 GIF 图片（动图），在短短两年的时间，就积累了近 100 万粉丝。2013 年，“ GIF 快手”正式转型为短视频社区，并更名为“快手”。

2013 年 8 月，短视频应用“秒拍”正式上线，并邀请众多明星参与公益活动“冰桶挑战”。该活动共计约 2000 位明星艺人参加，随着“冰桶挑战”火遍全网，秒拍的日活跃用户数也达到 200 万。

各类短视频平台争相涌入市场，预示着短视频行业进入蓬勃发展时期。

3. 短视频爆发期：2016 年 ~2018 年

2016 年，一个自称“集美貌与才华于一身的女子”拍的短视频异军突起，她的短视频内容结合了网络热点，她的表演方式搞怪幽默，吸引了众多粉丝。

该视频的一条广告可以拍出 2200 万的天价，被誉为“2016 年短视频领域的‘第一网红’”。同年，罗辑思维、真格基金等联合出资 1200 万元投资，不久，该视频团队再次获得 1.2 亿融资。

2016 年 9 月，抖音正式上线，“海草舞”火遍全网，普通大众纷纷加入短视频创作大军。快手也以草根文化获得了大量忠实用户，短视频以不可抵挡之势融入人们的生活。

4. 短视频平静期：2019 年～

经历过爆发期的短视频行业，如今在各个方面都已成熟。

各大短视频平台经过大浪淘沙，呈现“抖音快手双雄争霸”的局面，但其他短视频平台仍以各自独有的优势争夺市场。

1.1.2　今生：人人都是艺术家

短视频行业经历了 16 年的蛰伏和发展，现在正面临着怎样的环境和态势呢？接下来，我们将借助 PEST 分析法和 SWOT 分析法，分别为大家介绍短视频行业发展的宏观环境和内外部态势，以帮助大家更好地认识短视频。

1. PEST 分析法：短视频行业发展的宏观环境

PEST 分析法是对宏观环境的分析，P 是政治（Politics），E 是经济（Economy），S 是社会（Society），T 是技术（Technology）。我们在分析短视频行业所处环境时，可以通过这四个因素来分析其面临的状况（见图 1-1）。

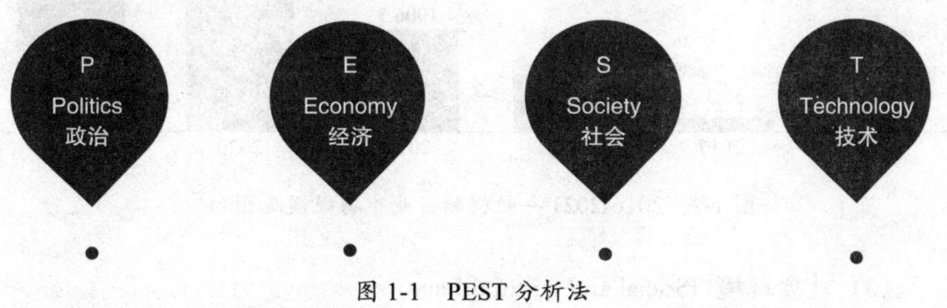

图 1-1　PEST 分析法

（1）政治环境（Political Factors）

如今，在多方监测管理和平台的严格规范下，短视频行业发展态势良好。各大短视频平台都在通过提高自我审查机制，避免低俗和虚假内容的泛滥。另外，各大短视频平台对版权的重视也对行业的持续发展起到了稳固的作用。

（2）经济环境（Economic Factors）

据艾瑞统计数据报告显示，短视频行业历经多年发展，现已进入商业成熟期，预计 2021 年短视频市场收入将高达 2110.3 亿元。

虽然许多传统广告客户（如汽车、房产等）受宏观经济低迷影响，对于广告的需求较之前有所下降，但短视频的低成本和高收入却促使多方资本进入。加上各大短视频平台为了避免创作者流失，提供了一定补贴，使短视频行业在如今移动互联网一片红海的时期，依然在市场上占有重要地位，且呈现每年上升的趋势（见图 1-2）。

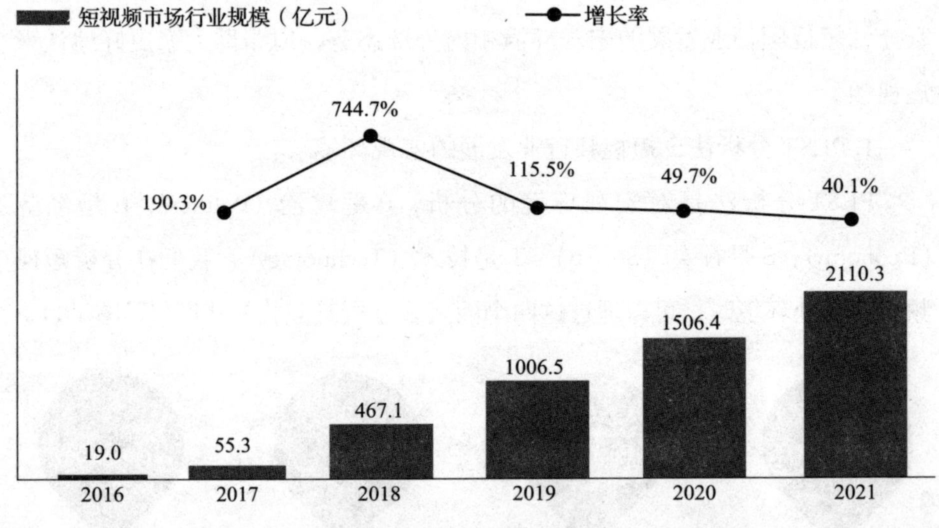

图 1-2　2016-2021 年短视频行业市场规模及预测[①]

（3）社会环境（Social and cultural Factors）

快节奏的社会生活促进了“碎片化时代”的到来，传统视频行业花了近 30 年的时间才完全融入人们的生活，而网络视频只用了短短几年就在

① 此数据来源：综合企业财报及专家访谈，根据艾瑞统计模型核算。

很多领域崭露头角，各类微电影、网剧、网络综艺节目以快节奏和深度垂直的特点勇夺流量风口，短小精悍的视频类型已成为流行趋势。

另外，新用户群体（“00 后”、“60 后”、“70 后”）的加入，使短视频行业焕发出新的生机。更加丰富的视频内容，带动大量传统行业和新兴行业涌入这个巨大的流量池。

（4）技术环境（Technological Factors）

5G 时代的来临，给短视频行业的发展提供了必不可少的技术支持，但腾讯视频数据研究室的报告显示，网络用户对于 5G 的认知普遍停留在“快但贵”的阶段，对短视频行业有可能会造成一定的影响。不过，5G 与物联网技术的发展，是不可阻挡的必然趋势。

综上所述，短视频行业在大的环境影响下进入良性发展，虽然在一定程度上受到经济波动的影响，但得到了广大用户的喜爱和先进技术的支持。它是互联网行业的“一道光”，具有不可忽视的潜力。

2. SWOT 分析法：短视频行业的内外部态势

所谓 SWOT 分析是基于内外部竞争环境和竞争条件的态势分析。S（Strengths）是优势，W（Weaknesses）是劣势，O（Opportunities）是机会，T（Threats）是威胁。

按照企业竞争战略的完整概念，战略应是一个企业“能做的”（即自身的优势和劣势）和“可能做的”（即环境的机会和威胁）之间的有机组合（见图 1-3）。

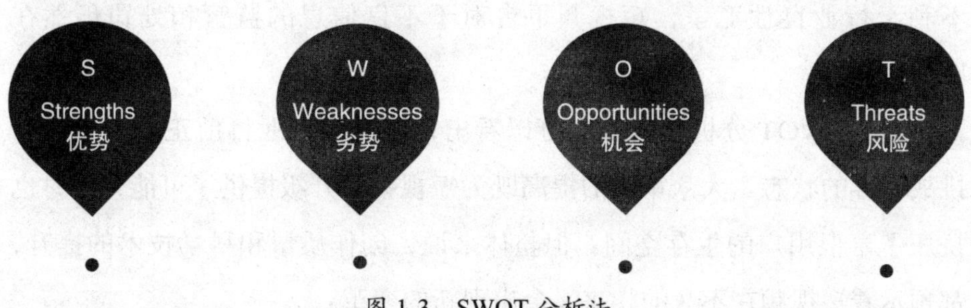

图 1-3　SWOT 分析法

（1）优势（Strengths）

用户的观看设备从 PC 端转移到移动端；短视频比长视频观看更随意，用户体验感更好；短视频内容更紧凑，信息密度更大，单位时间内承载的信息量更丰富。

另外，短视频平台还增添了社交属性，促使用户自主分享转发，扩大了传播范围；短视频平台用户群年龄渗透性强，不限于年轻人用户，中老年用户占比也不低。

（2）劣势（Weaknesses）

用户水平与内容创作质量参差不齐，过度的算法推荐将用户涉猎信息的范围限于较为狭窄的空间；随着用户群的审美提高，KOL（意见领袖）的诞生成本越来越高。

（3）机会（Opportunities）

随着 5G 时代的来临，以及 AR、AI 技术的发展，新型高科技设备将逐渐普及，这将为短视频平台提供更加丰富的呈现形式和分发渠道，为短视频创作提供新的灵感。

有些短视频平台不仅在国内发展快速，其阵地已经扩张至海外市场。KOL 诞生成本越来越高的同时，也促进了质量的提升，正面积极的网红促进了短视频平台的良好发展。

（4）风险（Threats）

用户为追逐流量，争相模仿爆款，导致各平台的内容同质化严重，不利于行业良性竞争；短视频平台对于不良信息的监管和处罚仍然在路上。

通过 SWOT 分析法，我们可以看出，短视频行业目前正处于机遇与挑战并存的状态。大众审美的提高既为短视频的升级提供了可能，同时也挤压了草根用户的生存空间。但整体来说，创作质量和科学技术的提升，都预示着短视频在不久的将来，会出现新的变革。

总之，今天的短视频已经完全大众化，人人都能参与进来，人人都能展现自我。

在内容为王的时代，优质原创内容将成为短视频发展的必然趋势。时代变幻莫测，短视频行业将走向何处，谁将是下一个时期的新宠儿，我们拭目以待。

1.2　短视频受众分析：喜欢短视频的是哪些人

前文我们介绍了短视频的发展历程，短短几年时间，短视频以不可阻挡之势野蛮生长，完成了从萌芽到爆发的发展过程。时至今日，短视频行业虽已进入相对稳定期，但流量红利不减反增，用户数量逐年增长，辐射地区越来越广。

那么，短视频的主要用户群，到底是哪些人呢？他们又会给短视频行业带来怎样的发展潜力呢？本节内容我们将从宏观视角分析短视频的受众人群，了解短视频市场的需求与走向。

1.2.1　最新用户数据：用户活跃，潜力巨大

据 QusetMobile 报告，2020 年春节期间，全国短视频日均用户规模已经超过 5.71 亿，相较于平常增加 0.82 亿，人均使用时长增加 10 分钟，达到 105 分钟。这意味着每 10 个移动互联网用户中，就有 5.7 个在使用短视频 APP。

从以上数据不难看出，短视频的用户规模正在迅速扩大，活跃的流量和潜在客户，为广大商家提供了流量变现的空间。短视频作为一个巨大的流量洼地，将会吸引越来越多的品牌商家、运营团队、视频平台加入其中。

1.2.2 用户画像：从中低收入群体延伸至中高收入群体

《2019 年中国网络视听发展研究报告》显示，短视频用户从"以女性为主"转变为"男性超过女性"，用户收入由中低收入人群向中高收入人群延伸。其中尤其提道："40 岁以上用户使用短视频 APP 的频率显著上升，高收入人群对短视频的使用率也在迅速增长。"

接下来，我们一起来了解一下更为具体的短视频用户的相关数据。

1. 短视频用户的画像：暂以中低收入人群为主

目前，短视频用户的男女比例为 52.9:47.1；年龄段主要为"90 后"、"00 后"，中老年用户逐年增加；地域主要集中在二三四线城市；学历以中低学历为主，忠实用户中在校学生群体占 40%；收入结构与整体网民结构类似，月收入主要集中在 2000~5000 元。

2. 短视频用户的特征：热爱生活，善于社交

短视频用户的整体兴趣特征明显，排名前十的分别是摄影美图、网络社交、歌舞、线下交友、搞怪信息、汽车、美食外卖、美容美妆、音乐、旅行等。

这些个性鲜明的兴趣特征，说明短视频用户更加富有冒险精神，勇于尝试新鲜事物。

3. 短视频用户的发展趋势：受众群体范围更广

短视频忠实用户的性别比例男性占比超过女性，40 岁以上用户观看短视频的时长明显增加，短视频由年轻人带动中老年人，逐渐向各年龄段人群渗透。高学历人群也在以用户、运营者或是投资人的身份加入短视频市场。

1.2.3 海外用户增长：八仙过海，各显神通

Sensor Tower 的数据显示，社交媒体应用 TikTok 在 iOS App Store 和 Google Play Store 的下载量已经超过 15 亿，2019 年的下载量高达 6.14 亿次。3 年时间，TikTok 覆盖了超过 150 个国家和地区，它的发展速度令人惊叹。

2019 年 9 月，快手重启海外业务，在巴西拥有 Kwai、VStatus 两款主打产品，在 2019 年 11 月 Kwai DAU 已经高达 700 万。海外短视频用户的增长，对国内短视频市场的扩张有启发性意义。

“出海”将成为趋势，但为了避免水土不服，短视频平台应深入探索不同地区用户的习惯与喜好。作为短视频运营者，我们也迫切需要拓宽视野，创作出符合国际市场的短视频内容。

1.3　短视频凭什么成为风口

如今的短视频行业在市场需求的驱动之下蓬勃发展，成为人们休闲娱乐的重要方式，站上了“流量之巅”。

那么，短视频究竟凭什么成为风口，受到无数人追捧呢？本节，我们将利用“5W 模型”和“SEED 效应”，来分析短视频的传播体系，从短视频传播的主体、内容、渠道、受众、效果等方面，帮助大家找到答案。

1.3.1 “5W 模型”：雅俗共赏，行业领军

短视频行业发展如此之迅速，原因很多，从传播学理论中的“5W 模型”（见图 1-4）进行系统论述，可以得知：短视频内容具有雅俗共赏的特性，在碎片化时代成为流量大战中的领军人物。

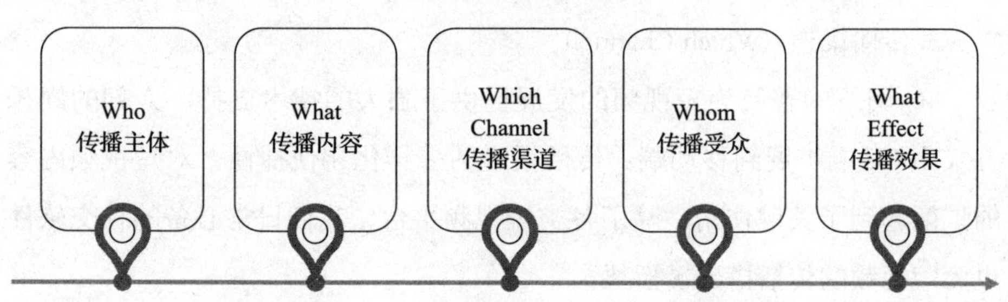

图 1-4　5W 模型

1. 传播主体（Who）

从传播主体的角度出发，可以将短视频分为两大类型：一种是普通用户原创的短视频，另一种是专业团队摄制的短视频。

因为短视频受众群体较宽容，所以人人都可以制作和发布短视频。这类由普通大众拍摄的短视频，其创意多来源于生活，以记录日常生活为主，视频风格接地气，更能被普遍接受。

而一些内容精良、画面优美的短视频大多出自专业团队之手。我们比较熟悉的“一条”短视频就是由专业团队打造的，其可看性、艺术性和功能性更强。

这两种具有差异性特征的不同传播主体，共同促进了短视频行业的多元化发展。

2. 传播内容（What）

短视频的传播比较依赖垂直领域，目前市场上受关注度较高的短视频类型，主要以时事热点、娱乐搞笑、潮流时尚、美食萌宠为主，短视频平台会根据用户喜好推荐相关内容。

《2018 年中国网络视听发展研究报告》显示，短视频中的垂直细分领域最具商业价值，即使某个冷门领域也会因为拥有一批忠实用户而具备商业潜力。

总体上看，短视频的内容几乎涵盖各个领域，通俗易懂的视频内容，已经传递到千家万户。

3. 传播渠道（Which Channel）

4G 网络的普及为短视频的发展提供了强大的技术支持，人们的娱乐方式由 PC 端扩展到移动端。传播渠道的多样化和便捷性，对短视频内容的扩散起到了关键作用。除了各类短视频平台，我们日常必备的社交软件也为短视频的传播搭建了桥梁。

随着 5G 时代的到来，短视频的传播渠道或许会不再局限于短视频

APP、视频网站和社交软件这几种方式，而会有更多可能性。

4. 传播受众（Whom）

短视频内容涉及范围广，传播渠道多，既符合现代人碎片化的浏览习惯，也创造了雅俗共赏的视频风格，因此受众群体基数大，覆盖地域广，以年轻人为主，同时中老年人也逐渐参与进来。

QuestMobile 的数据显示，截至 2019 年 6 月，短视频新用户人数接近 1 亿，总体 MAU 达到 8.21 亿，同比增长 32%。

总而言之，短视频市场在不断下沉，用户规模在逐渐扩大，具体受众情况，我们将在下一小节中详细介绍。

5. 传播效果（What Effect）

短视频与传统视频相比，具有“轻量”的特点；与自媒体图文相比，“可视化”优势明显。具有代表性的某短视频达人，她每一条短视频的播放量都能突破千万，背后的商业价值不言而喻。

腾讯短视频推荐产品中心总监杨明指出：“在碎片化的内容消费时代，短视频正在快速发展，成为行业探索的主流方向。”

可见，在自媒体蓬勃发展的时代，短视频作为大众喜爱的内容，促进了整个自媒体行业的发展，尤其在推动知识惠普层面发挥着至关重要的作用。

1.3.2 “SEED”分析法：寓教于乐

短视频不仅是一种大众娱乐方式，更是传播知识的有效途径。从静止图文到动态视频，知识的传播由精英化转向大众化。短视频作为传播载体，担负起寓教于乐的重要职责，在知识的大众化传播过程中起到了关键作用。其主要价值可以归纳为“种子效应（SEED）”（见图 1-5），这也是短视频成为风口的又一大关键原因。

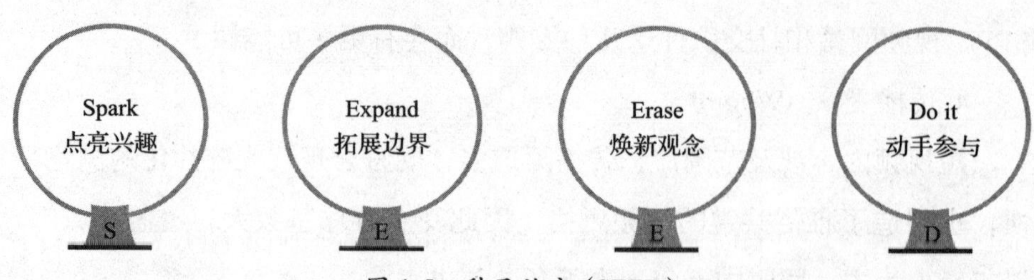

图 1-5　种子效应（SEED）

1. 点亮兴趣：S（Spark）

“种子效应”的第一要点便是“ Spark”，原意为“火花”，在此可以理解为“点燃兴趣的火花”。

古人云：“书山有路勤为径，学海无涯苦作舟。”学习知识是一件很“苦”的事情，传统的学习方式（看书、上课等）通常比较严肃刻板，使人提不起兴趣，而短视频以生动有趣的表现形式，让学习知识成为一件好玩儿的事。

华中师范大学教授戴建业在抖音上的粉丝超过 500 万，他独有的湖北口音和幽默诙谐的讲解，让学习古诗不再是一件枯燥乏味的事情。关于短视频，他有这样的看法：“如果说电视连续剧是长篇叙事诗，电影是古体诗，那么短视频就是诗中绝句。”

短视频去掉了知识内容中冗长的部分，取其精华展现给大众，并以短小精悍的特点在各种知识传播形式中脱颖而出。

2. 拓展边界：E（Expand）

“种子效应”的第二要点是“ Expand”，意为“扩展”，与短视频的传播相结合，可以理解为“拓展知识边界”。

每个人的知识都是有边界的，但我们可以无限拓展边界。短视频以超高的人群覆盖面，打破了知识传播的壁垒，并通过互动共享的方式，让知识可以覆盖到更多的人。

《短视频与知识传播研究报告》显示，抖音上一位名叫“地球村讲解员”的用户，发布了一条名为《现行世界地图太多假相》的短视频，为人们介绍了格陵兰岛的实际情况。许多用户不禁发表感慨：“万万没想到，格陵兰岛原来并没有想象的那么大！”

这位创作者自 2018 年在抖音注册账号以来，不定期上传各种科普小视频，截止到 2020 年，已收获 1200 多万粉丝，累计获赞 7000 多万。

类似这样的科普账号在各大短视频平台十分火爆，涉及类别也比较广泛，例如职场、考学、生活、教育、健康等。

这类生活必备知识似乎比书本知识更实用，且涉及范围广，角度新奇，打破了人们原本单一的知识结构，让人们看到更广阔的世界。

3. 焕新观念：E（Erase）

传统的新闻、报纸和书刊，在传播知识方面有一定的滞后性，而短视频“即发即看”的特征，体现了其最大优势——快，能够帮助人们快速焕新观念，这在“种子效应”中被称为“Erase”(抹除)。

短视频的时长短、内容精炼，制作速度快，传播速度也快。一个新知识的出现，或是旧知识的更替，都可以通过短视频传播给大众，从而抹除人们的陈旧观念。

4. 动手参与：D（Do it）

短视频除了上述三种传播价值之外，还具有推动人们动手参与的价值，即“种子效应”中的“Do it”。

原本知识传播的途径比较单一，而且不是每一个人都有机会分享所学，因此，知识得不到自由发展。而短视频制作门槛低，传播范围广，打破了知识传播的壁垒，能以社交为纽带进行知识交流和分享，使知识触达更多的人。

我们常常能看到生活小技巧类的短视频。网友们分享的各种“独门秘籍”通常会大获好评。这些基本不会出现在书本和课堂上的知识，通过短视频的方式传播出去，可以帮助更多的人，也体现了短视频创作者的社会价值。

短视频的出现，让很多普通人有机会参与到生产知识、传播知识和学习知识的过程中，为知识的普惠起到了强有力的推动作用。

1.4 短视频行业的发展趋势

短视频的发展势不可挡，肉眼可见的是，未来短视频将会进一步以井喷式的增长占据流量高地，它的发展也将呈现以下几大趋势。

1.4.1 全民参与其中

纵观各大短视频平台，我们不难发现，无论是普通用户、大型企业，还是政府机关，都踊跃投身短视频行业，这一现象已经充分说明——未来是全民参与短视频发展的时代。

1. 短视频运营让普通人成为受益者

在研究了几大热门短视频平台的 Slogan 后，我们惊讶地发现：如今的短视频平台正引领大众积极地记录和分享生活，比如抖音的"记录美好生活"、快手的"记录世界记录你"、西瓜视频的"给你新鲜好看的"、小红书的"标记你的生活"……

这些以普通人为主角的短视频平台，也在以身作则地践行着它们的价值观，尽可能地给予普通人表达喜怒哀乐的窗口、展示才华的舞台和与世界连接的纽带。在这些平台上，任何人都可以通过短视频的形式表达自己对生活的思考和态度，尽情地展示自己。

因为短视频用户能对他人报以最大的尊重和理解，于是，忽如一夜春风来，"千万网红一夜开"。草根出身的短视频大咖们在短时间内被看见、被喜欢，这让普通人看到了"一夜爆红"的希望。

人们开始好奇，为什么有那么多的短视频能够得到大众喜爱呢？

其主要原因是短视频平台的开放性运营，让每一个用户都携带了成为网红的“基因”。在抖音上，只要我们创作出能引发用户共鸣、能给用户带来价值的短视频，就能获得用户的关注。这也意味着，短视频运营可以为普通人提供更多的发展机会，带来更多的可能性。

2. 短视频是名人的宣传武器

短视频的魅力不仅吸引了普通人，许多知名企业也开始关注短视频，他们纷纷参与其中，将短视频作为自我宣传的武器。

（1）知名品牌

短视频平台用户的多样性让众多知名品牌纷纷入驻，比如阿里巴巴、百度、腾讯、小米、滴滴、华为、美团等。2020 年抖音官方发布数据显示，已经有 500 万企业在抖音上创建了企业号，与粉丝进行互动，将公域流量转化为私域流量。

（2）明星艺人

明星能够将“粉丝效应”最大化，这是短视频平台吸引用户的一大“撒手锏”，很多明星已经进驻抖音平台，与抖音平台实现了互相引流。

在抖音还未火爆时，胡彦斌就在抖音上发布了新歌《没有选择》，并以这首歌为主题，在抖音上发起了视频挑战活动。这次活动让更多人听到了胡彦斌的音乐，也让更多人开始关注抖音。由此可见，明星进驻抖音是双赢。

（3）官方政务账号

随着抖音红遍大江南北，越来越多的组织机构开始将抖音作为政务信息公布与政策推广宣传的官方窗口，如人民日报、共青团中央等。这些机构第一时间将相关政策在抖音平台上发布，以确保政策的公正、公开、透明，让人民群众第一时间了解到最新信息，并积极参与到相关工作中。

1.4.2 全平台共同发展

如今，短视频的火爆程度已经超出我们的想象。在地铁上、餐厅里，甚至在公共卫生间中，我们都可以看到低头看直播、刷视频的人。

然而，当你以为短视频只是在泛娱乐领域开花时，短视频变现已经迅速发酵，并以不可抵挡之势席卷了整个消费领域，改变了消费者的购买习惯。

在当前的发展态势之下，各大平台都意识到短视频领域蕴藏着巨大的商机，于是开始提升短视频的整体质量。

从抖音的发展状况，可以看出短视频行业迅猛的发展态势。虽然激烈的竞争环境、越来越严的监管等因素放缓了抖音用户增长的势头，但抖音的用户规模仍在持续增长。

在这个风口下，除了抖音、快手、西瓜视频等人气较高的短视频平台，阿里巴巴、腾讯、今日头条等也把短视频设定为平台发展的核心战略之一。

常逛淘宝的消费者或许早已发现，淘宝首页为短视频设置好了各种入口，短视频已覆盖了手淘首页 60% 的页面，成为淘宝内容化的重要布局。腾讯也在微信公众号开放了短视频直播入口。

短视频的发展势不可当，已经成为人们消费生活中的重要一环。

1.4.3 竞争走向白热化

以“BAT”（百度、阿里巴巴、腾讯）为代表的“大牌”资本的介入，使原本就竞争激烈的短视频行业进入白热化阶段。抖音、快手还在激烈地争夺市场，许多“新贵”却已趁机崭露头角。

“BAT”旗下的传统视频网站也在升级转型，加入到短视频的竞争行列中。阿里巴巴旗下的土豆网全面转型为短视频平台，腾讯领投了快手第五轮 3.5 亿美金的融资，百度视频则参与了人人视频的 B 轮融资。

另外，其他各大互联网平台也纷纷踊跃“参战”，新浪微博宣布投资 1 亿美金进军短视频领域；今日头条不满抖音已有的骄人成绩，拿出 10 亿人民币补贴短视频运营者，火山小视频、西瓜视频的用户群也在逐渐地发展壮大。

随着这些互联网“大佬”的加入，短视频行业形成了“百家争鸣、百花齐放”的良性竞争态势，为短视频的升级提供了良好的开端。

1.4.4　产业链逐渐完善

短视频凭借内容短小精悍、视听效果俱佳以及病毒式传播等优势，迅速成为社会化传播和数字化营销的“新宠儿”。与此同时，短视频行业也开始升级转型，从之前的粗放型朝着精细化、完善化、系统化的模式发展。

那么，短视频的产业链到底是怎样的呢？我们可以通过下面这个案例来理解。

下班路上，小王看到地铁站里的广告牌上正在播放抖音里的一个短视频，视频中的主人公说话很幽默，于是他拿出手机，找到这个视频，开始看起来。

在这个案例中，有三个主体，即“小王”“抖音”和“主人公”。其中“小王”是用户，也就是内容的消费者；“抖音”是平台；“主人公”则是内容生产者。

实际上，这是早期的短视频运营产业链，在这个产业链中，无论是平台还是内容生产者，都很难找到合适的变现机会。所以在前期，各大短视频平台都处于亏损的状态；短视频运营者即便投入了大量的时间和精力进行内容创作，也很难实现流量变现。

之后，一些营销平台开始加入，推动了短视频行业产业链的正常运转。在短视频运营中，短视频平台、内容生产方、营销平台以及品牌方通力协作，最终，不仅将高质量的内容传递给用户，同时各方都获得相应的利润。

随着用户需求的多样化，短视频行业对平台和内容生产者的要求越来越高，这也就变相地激发了短视频运营者的创作热情和欲望，也使短视频平台的服务更加系统化和人性化。简而言之，短视频行业产业链的逐渐完善，促使整个短视频行业的繁荣发展。

第 2 章　平台分析：五大热门短视频带货平台任你挑

近年来，短视频行业迅速崛起，用户流量激增，资本争相进入，各大短视频平台水涨船高，以势如破竹的气势融入人们的日常生活。本章将从平台受众和优势特征方面来介绍 5 大热门短视频平台——抖音、快手、西瓜视频、小红书和 B 站。

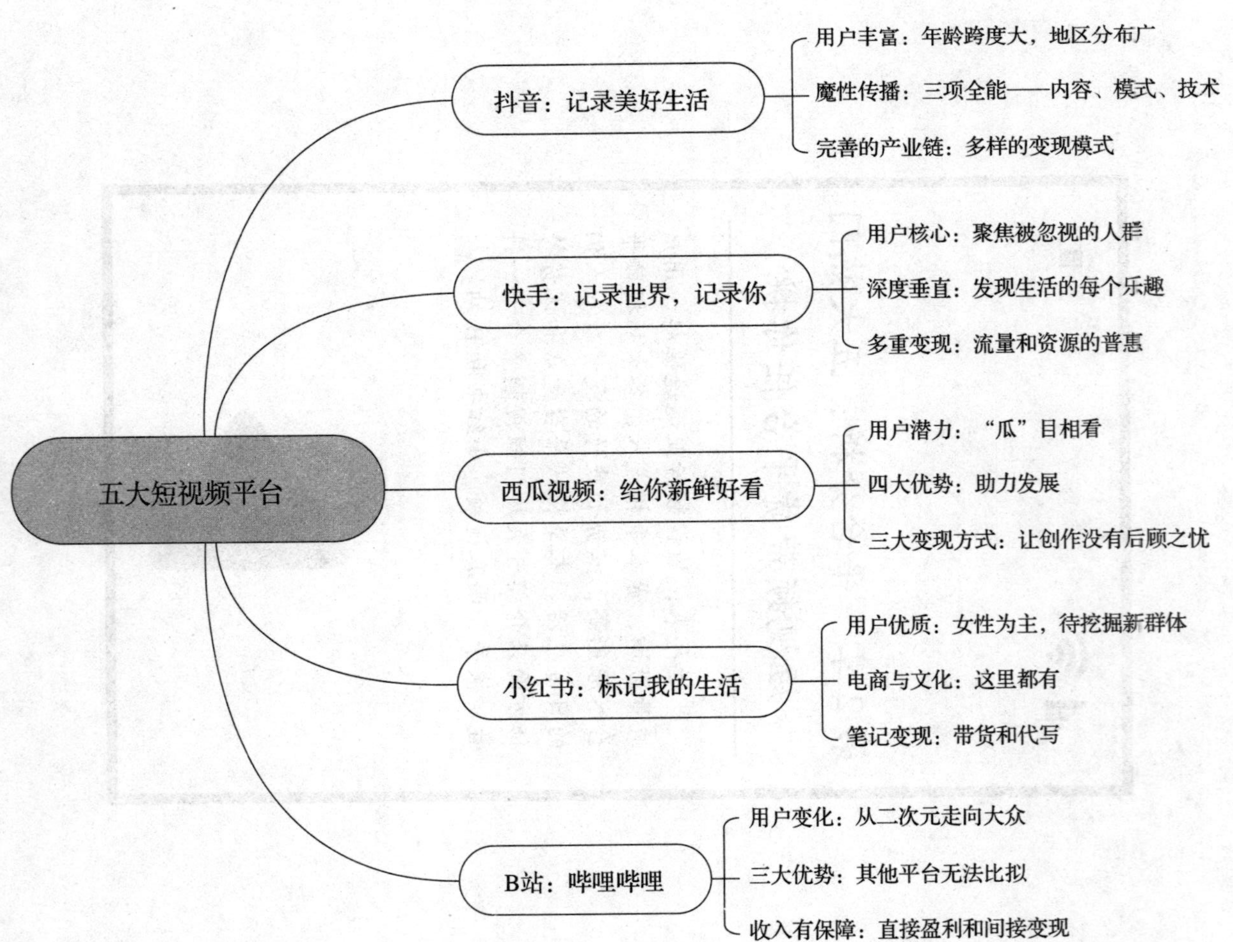
五大短视频平台
抖音：记录美好生活
用户丰富：年龄跨度大，地区分布广
魔性传播：三项全能——内容、模式、技术
完善的产业链：多样的变现模式
快手：记录世界，记录你
用户核心：聚焦被忽视的人群
深度垂直：发现生活的每个乐趣
多重变现：流量和资源的普惠
西瓜视频：给你新鲜好看
用户潜力：“瓜”目相看
四大优势：助力发展
三大变现方式：让创作没有后顾之忧
小红书：标记我的生活
用户优质：女性为主，待挖掘新群体
电商与文化：这里都有
笔记变现：带货和代写
B站：哔哩哔哩
用户变化：从二次元走向大众
三大优势：其他平台无法比拟
收入有保障：直接盈利和间接变现

2.1　抖音：记录美好生活

抖音是今日头条旗下一款音乐创意短视频社交软件，于 2016 年 9 月上线，专注于音乐短视频的创作和分享。用户可以通过这款软件拍摄短视频，创作短视频作品。

抖音刚上线时的 Slogan 是“让崇拜从这里开始”，聚焦“崇拜”，但根据一段时间的数据反馈来看，“创造新生代音乐短视频”似乎更贴近用户对抖音的印象。

于是，抖音对 Slogan 做出调整，改为“记录美好生活”，专注于有创意、追随潮流、好玩的内容产出。经过一段时间的打磨，抖音的内容定位、互动体验以及营销模式都更加符合市场需求，形成了正向的良性循环。我们从用户画像、传播模式以及产业链来分析一下抖音的综合特征。

2.1.1　用户画像：年龄跨度大，地区分布广

抖音以音乐作为切入点，搭配创意内容，最早将年轻人作为目标人群，由点及面迅速扩散。同时，抖音提供了强大的技术支持，操作方法简单，对抖音实现病毒式传播大有裨益。我们可以从用户的年龄和地域来了解抖音的主要受众群体。

1. 年轻用户带动“银发人群”

抖音的用户男女比例均衡，以年轻人为主，但年龄跨度大，受众范围广。数据显示，2019 年 7 月，抖音 DAU 达到 3.2 亿，2020 年年初，DAU 突破 4 亿。

其中“00 后”发布最多的是二次元内容，最爱看萌宠系列短视频；“90 后”记录最多的是日常生活，最爱看美食与情感类短视频；“80 后”拍摄了大量亲子题材内容，最爱看风景旅行类短视频；“70 后”则关注民

生与社会热点；"60后"尤其偏爱舞蹈才艺类短视频。

2. 立足国内，走向世界

抖音用户的地域分布广泛，根据视频平均播放量的省份榜单来看，北京位居榜首，东三省均挤进前五，江浙沪地区也榜上有名，整体呈现由东南沿海向内陆纵深的态势。

值得一提的是，抖音已经走向世界各地，全球233个国家和地区有抖音用户的踪迹。其中，播放量前十名城市分别是：曼谷、首尔、东京、大阪、新加坡、迪拜、伦敦、洛杉矶、巴黎和芽庄。

2.1.2 魔性传播：三项全能——内容、模式、技术

抖音之所以能在国内爆火，甚至远渡重洋吸纳大批粉丝，要归功于它独特的内容呈现方式、精准的流量推荐算法和强大的技术支持。

1. 短小精悍，碎片化发散

短视频的优势就在于短而快，抖音最初上线时只允许发布不超过15秒的视频，虽然只有15秒，但每一秒都是精髓。每条短小精悍的视频都是一个故事、一种态度和一种生活方式，极大地迎合了碎片化时代用户的观看习惯。

而后，抖音平台将视频时长增长，使更高质量的完整短片获得展示的舞台。时长的自由化，也使抖音短视频的内容更加多元化，并加快了传播速度。

2. 众星捧月，打造意见领袖

抖音通过大数据算法，实现了精准的个性化推荐，"你爱看什么，我就给你看什么"。

抖音以"中心化"思想为主，注重培养KOL（意见领袖），让用户在喜爱的圈子里与KOL之间成为"仰望和追随"的关系；打造类似明星艺

人与粉丝间的情感纽带，形成众星捧月的模式，鼓励用户不断创造优质内容，激励其也成为受人追捧的 KOL。

3. 技术支持，让内容更强大

抖音通过强大的高科技为平台增添了新的玩法，使内容品质和视觉效果都有非凡的表现。抖音为用户提供了趣味拍摄的功能，例如，我们常用的“控花”道具，画面中的花朵会根据人的手势变幻出不同的图案。

这类功能（AI 人脸识别 /2D/3D/AR）打造的视觉效果与普通拍摄内容相比更新奇，且简单易用，大大提升了短视频的多样性。

2.1.3　完善的产业链：多样的变现模式

随着内容的丰富和功能的增强，抖音的覆盖人群越来越广泛，市场影响力与日俱增，形成了多元化的商业模式，变现方式主要有以下三种。

1. 广告变现：“中心化”带货，优势明显

抖音拥有优质的用户资源，以年轻人为主，他们的猎奇心理重，对新鲜事物接受能力强，不仅是生活必需品的消费主力军，还是新兴产品的推动者。以“60 后”和“70 后”为代表的中高收入人群也是一股不可忽视的消费力量。

另外，抖音在小众群体里搭建的“中心化”KOL 导向机制，使优质产品的植入具备更高的曝光率，粉丝接受程度高，变现概率大。而且，抖音为了促成广告主与流量主的合作，还专门推出了智能营销服务管理平台“星图”，为用户与商家提供了规范的服务交易平台。

2. 直播与电商：打赏和带货的结合

对于直播平台而言，打赏是最基础也是最快速的变现方式，而抖音作为兼具“短视频”与“直播”功能的社交平台，将二者很好地结合了起来。

直播带货与上文提到的短视频带货相比更为直接，让商家和消费者缩

短了“交流”距离，通过主播的推介，消费者对商家和产品有了更深刻的了解。加上“限时优惠”的策略，激发了消费者的购买欲，极大地提高了成交额。

许多主播在一场带货直播结束后，不仅能完成很高的带货金额，还能获得粉丝的打赏，可谓一举两得。

3. 游戏变现：未来的必然趋势

抖音用户群庞大，且以年轻人为主，消费能力强。因此，在游戏广告的投放与分发上具备明显优势。《2019 年移动游戏全年买量白皮书》数据显示，在媒体投放力度排行榜上，抖音已成为游戏广告投放的重要平台，在各大平台中位列前茅。

抖音通过精确的大数据推荐算法，将游戏广告投放给感兴趣的人群，并提供游戏下载入口。另外，抖音已上线的“游戏中心”作为手游的分发平台，在 5G 云游戏时代，将挖掘新型变现模式。

同时，游戏内容的二次创作，将成为抖音短视频内容的创意点，与商家摩擦出新的火花，届时，我们将看到不一样的变现模式。

总的来说，抖音给予了用户自我展示与表达的平台，使用户摆脱了现实身份的束缚。一个好的视频内容能使创作者逆袭成为超级偶像，通过记录美好生活，“一夜成名”成为可能。

这种分享生活的短视频模式，加入社交属性后，更有利于用户之间互动，在一定程度上实现了用户的自我价值。

抖音完善和多样的产业链为用户提供了多种变现渠道，是广受人们偏爱的短视频平台之一。

2.2 快手：记录世界记录你

2019 年年底，快手大数据研究院发布了《2019 年快手直播生态报告》，据统计，快手直播 DAU 已突破 1 亿，由此可见，快手所具备的“短视频 + 直播”的完整闭环与其他直播平台相比，具有明显的优势。

快手通过以人为本的运营模式，重点建设内容生态，将“老铁经济”发挥到极致。在短视频行业逐渐进入红海的状态下，快手依旧夺得人心，持续输出优质内容，呈现出良好的发展态势。

那么，快手是如何做到的呢？接下来，我们一起看一下快手独有的三大优势。

2.2.1　核心用户：被忽视的人群

快手 CEO 宿华表示：“我们非常在乎所有人的感受，包括那些被忽视的大多数。”

秉持着这样的价值观，快手将核心用户聚焦在普通人身上。

快手之所以能成为与抖音并驾齐驱的全民社交视频软件，具体原因有以下四点（见图 2-1）。

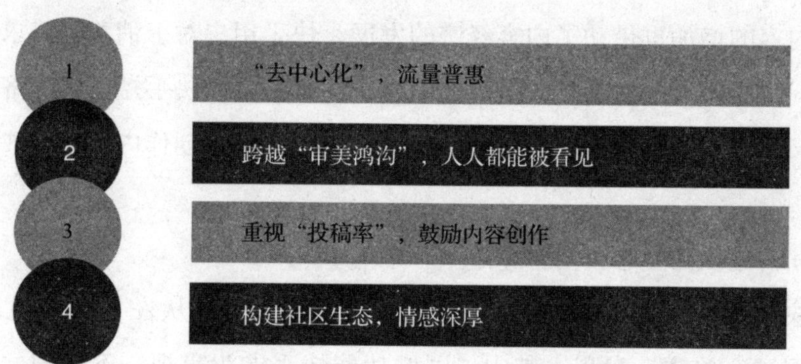

图 2-1　快手平台聚焦普通用户的四种方式

1.“去中心化”，流量普惠

快手相对平民化，主打“去中心化”模式，让普通人都能够被看见。它与以微博、抖音为代表的“头部流量”互联网平台不同，坚持“流量平权”的原则。其流量算法运用了比较均衡的策略，内容的质量与社交关系各占推荐算法的一半，从而避免了流量导向单一，确保了普通用户的权益，以此鼓励更多用户和主播加入进来。

2. 跨越“审美鸿沟”，人人都能被看见

快手坚持“农村包围城市”的战略，其主要用户来自三四线及以下的城市、县城、乡镇与农村，这些用户普遍学历不高，自由时间比一线城市群体多，超过半数以上用户在很大程度上依赖手机进行娱乐。同时，这些人缺乏展示自我的机会，非常渴望“被看见”。在快手你可以看到用户之间、用户与主播之间形成了真诚而牢固的“老铁关系”。

因此，快手以“接地气”的内容风格笼络了一大批忠实用户，他们同时也是不容忽视的消费者群体。而快手的走红，也形象地向大众展示了CEO 宿华提出的“被看见的力量”。

3. 重视“投稿率”，鼓励内容创作

快手十分重视内容创作者，鼓励用户发布作品，展示自己的生活，这极大地提高了用户的主人翁精神和参与感。

内容的增加也带动了内容经济的发展，快手用户对于消费的需求日益增长，快手每天与交易相关的评论有近 200 万条。而快手短视频经济的增长，又反作用于内容产出，从而激励用户更加积极地创作内容，形成良性循环。

4. 构建社区生态，情感深厚

快手的页面设计简洁，上方有 4 个一级入口，从左至右依次为菜单、同城、关注、发现，其中，同城功能快手尤为重视，不仅同一城市的用户可以互动，还能切换不同地区进行异地交友，满足了人们的社交需求。

快手是适合普通民众的全民性内容平台，在快手，每一个人都是创作者，每一个人都值得被看见，被需要。

2.2.2　深度垂直：发现生活的每个乐趣

快手通过集合各种短视频内容形成了超大流量池，其内容不仅覆盖范围广，划分得也很精细。

在众多垂直领域中，快手把发力点集中在搞笑、美食、游戏、时尚、音乐、教育、媒体、宠物、二次元等方面，通过“流量平权”原则把流量细分给各类别，形成多方同时发展的模式。

据《2020 年快手内容生态半年报》统计，自 2019 年 7 月至 2020 年 6 月，有 3 亿用户在快手发布作品。

快手更加注重实用性内容，比较偏爱生活中的小妙招。例如苹果的 10 种吃法、如何制作葫芦丝、山羊的病后护理等，这些与正规课堂不同的视频内容更加符合普通大众的口味，自然吸引了不少目光与流量。

我们不难看出，快手致力于深度挖掘每个细分领域，帮助用户找到自己的位置，以便让每个创作者的闪光点得以放大，被更多人接受和喜爱。

2.2.3　多重变现：流量和资源的普惠

快手庞大的用户量以及用户之间缔结的情感，为内容变现提供了支持。根据一贯的“流量普惠”原则，快手将资源合理分配给每个层级的创作者，就算是中部、尾部的用户和主播，也能得到流量推荐和支持，其主要变现方式为以下三大类。

1. 直播带货和打赏

《2019 年快手直播生态报告》显示，在快手时尚类直播中，美妆、护肤、美发、美甲四大内容，获得打赏金额最多，变现率也最高。有的主播通过直播销售护肤品，能够一晚带货上千万元，这样的例子屡见不鲜。

另外，淘宝联盟发布的《2019年双十一站外达人机构TOP榜》显示，来自多个平台的前50位带货达人，有40%来自快手平台，其中最具代表性的某快手达人更是位居双十一天猫站外人气榜榜首。

这无疑得益于平台的支持和快手浓厚的社区生态氛围，达人与粉丝之间的互动交流亲切得像拉家常，达人即便没有特意提醒粉丝消费，粉丝也会自发地进行打赏或购买产品。

2. 广告变现

2019年，快手达成了目标广告收入150亿元，其主要吸引了两类广告商：一是与互联网相关的广告主，例如游戏、手机、APP、电商等，因为快手的受众群多为资深的互联网用户；二是面向特定用户的广告主，例如汽修产品等，因为这类人群在快手用户中占比较大，他们对特定产品的广告比较关注。

同时，快手也推出了官方广告接单平台“快接单”，为广告主与流量主之间的合作起到了桥梁作用。

3. 电商变现

这一变现方式仍然属于带货变现，我们可以将它定义为“短视频电商”。达人主要通过短视频内容吸引粉丝，向其他电商平台导流，例如淘宝、天猫、京东、拼多多等，在用户成功消费之后，达人可以通过分成获得佣金。另外，如果达人有自己的网店，还可以直接卖货变现。

快手的商业模式也体现着其价值观，这源于其CEO宿华的理念——“注意力资源的普惠决定幸福感”。快手将资源分配给每个用户，使其在社区生态中找到存在感，也让我们看到了每个群体的人生百态。

同时，快手也始终信奉着联合创始人程一笑的观点：“快手不是为明星存在的，也不是为大咖存在的，而是为最普通的用户存在的。”

2.3　西瓜视频：给你新鲜好看

西瓜视频原本是头条新闻 APP 里的一个视频板块，后来独立运营。西瓜视频通过人工智能算法，为用户推荐感兴趣的内容，让用户每一次刷新，都能发现新鲜好看的短视频。

与抖音、快手有所不同，西瓜视频是一个多元化的综合视频平台，以短视频、长视频和直播形成内容矩阵，打造全品类视频生态，并开始尝试网综和影视剧。

2.3.1　用户潜力："瓜"目相看

据巨量算数 2019 年统计，西瓜视频男性用户占比较大，从年龄结构层看，25 岁至 40 岁的青中年达到了总用户的半数以上，三线以下城镇人群占比超过 50%，且 TGI（目标群体）指数不断增加，五线及以下城镇、乡村占比最大。

1. 下沉市场，消费增长

西瓜视频的用户群广泛分布在沿海和内陆城市，环比增长较快的省份有川、鲁、豫、鄂、苏、皖等，其中，大部分用户集中在三四线城市及乡镇、农村。

这类人群虽然收入水平不高，但相较一二线城市用户时间更充裕，他们消遣娱乐基本依靠手机。西瓜用户的活跃时段与短视频整体市场类似，在中午 12 点达到午间高峰，晚 7 点以后达到晚间高峰。

值得注意的是，易观千帆数据表明，西瓜视频用户的消费能力正在提升，且消费水平有逐渐提升的趋势，整体用户消费水平呈橄榄状，中层消费者占总消费人群的 80%，其中，二三线城市的用户消费水平提升最快。

2. 算法导向，用户的“心头好”

西瓜视频秉承了今日头条的个性推荐传统，实行算法导向的流量分配模式。虽然算法导向与关系导向存在着天然矛盾，但西瓜视频致力于打造全品类视频平台，将热门 IP、影视剧、综艺作为内容创作的一部分，激发用户进行二次创作。

另外，西瓜视频细分了多个领域，巨量算法 2019 年发布的《西瓜视频用户洞察报告》显示，西瓜视频中的“西瓜音乐”频道拥有 70 万视频创作者，视频数量近 2000 万，日均播放量 1.3 亿次以上，日均播放时长破 400 万小时。目前，其作者数量和视频播放量仍在上涨。

与此同时，“西瓜美妆”频道也集合了 18 岁至 40 岁的女性用户群，其中以 80 后为主，她们关注护肤类视频，尤其热衷防晒、卸妆和抗皱等内容。

“西瓜美食”也拥有数量庞大的视频创作者，视频数量破 1400 万，日均播放量均在 1 亿次以上，日均播放时长超 100 万小时。另外，以 80 后男性为代表的爱车一族，多集中在一二线城市，他们尤其偏爱“西瓜汽车”频道。

由此可见，西瓜视频根据算法导向，吸纳了不同喜好的人群，为他们提供了创作分享的交流平台。

2.3.2　四大优势：助力发展

西瓜视频其前身是头条视频，2017 年正式升级为西瓜视频后，不仅在今日头条 APP 内设有单独入口，在抖音上的广告宣传力度也很大。近年来，西瓜视频致力于打造综合类视频生态圈，不断加入新型视频模式，推出“西瓜大学”和“头号英雄”等热门活动，提升了用户黏性和市场份额，其特有的四大优势值得学习。

1. 全面的个性化推介

西瓜视频与抖音“师出同门”，都是北京字节跳动科技有限公司旗下的产品，有着强大的人工智能技术积累。

推荐功能是字节跳动公司的看家本领，也是西瓜视频的核心优势，它拥有 30 个细分频道，通过细化垂直领域为用户提供符合口味的视频内容。为了更精准地推介信息，西瓜视频还增加了“不感兴趣”选项，以便最大程度了解用户的喜好。

不过，有时候人们或许并不知道自己喜欢看什么，这时就可以通过西瓜视频的“排行榜”看全世界的新闻热点，从中挑选自己感兴趣的视频。另外，当用户点击搜索框时，下方出现的关键词，也是大数据根据用户的日常搜索信息分析推送的关键词。

总而言之，西瓜视频可谓全方位地以用户为中心，它可能比你自己更了解你。

2. 完善的内容生态环境

西瓜视频致力于打造集短视频、长视频和直播为一体的综合视频平台。短视频短小精悍，用户能随时随地毫无负担地观看；而长视频内容丰富、成体系，有很多优质内容；直播互动性强、变现快，增强了用户黏性。

西瓜视频综合了以上视频形式的优点，以短带长，以长助短。

3. 优质的独家版权

西瓜视频背靠今日头条，获得了不少优质资源，拥有多款国内外热门 IP 的独家版权，例如，俄罗斯 3D 动画《玛莎和熊》，国内的“昆仑决世界职业搏击赛事”直播等。

内容一直是视频行业竞争的焦点，西瓜视频在内容上拥有丰富的资源矩阵，沉淀了大量高质量用户，同时也为短视频板块吸引了流量，可谓是一举两得。

2.3.3　三大变现方式：让创作者没有后顾之忧

西瓜视频的变现方式与其他短视频平台的变现方式大同小异，大致有以下三种：

1. 广告变现：广告与内容相符

西瓜视频为用户提供了电商功能，在视频下方贴出广告链接，在不影响观看的前提下，最大程度地展示广告，这也是广告商比较偏爱的投放形式。

需要注意的是，创作者要选择与视频内容相关的广告。比如我们创作的视频内容是护肤技巧，那么，最好添加与此有关的广告，比如护肤品、化妆品等的广告。

如果投放的广告与视频内容无关，不符合粉丝的需求，变现效果可想而知。因此，一定要接垂直领域的广告。

2. 品牌广告：适合优质大咖

这类广告比较适合原创类创作者，很多国际知名品牌会选择网红达人投放广告，并通过产品植入、剧情植入或直接推荐的形式让其带货。

但这种形式对于达人的粉丝量要求比较高，基本上百万粉丝以上的大咖才能接到这类广告，而且，品牌更倾向于选择内容创作能力强的达人。

3. 直播变现：签约有利弊

虽然直播行业已过红利期，但仍然有利可图，且西瓜视频具有强大的背景优势，在用户与引流方面有优势。

普通用户可以自由直播，通过用户打赏盈利，分成比例为 30%~60% 不等。当你拥有一定粉丝数量时，可以选择与平台签约，这样你需要按照对方规定的时间和内容进行直播，虽然受到一定限制，但会有流量和资源的扶持。

以上便是西瓜视频的三大变现方式，加上官方对于创作者的大力扶持，可以说西瓜视频具备了完善的变现体系。

2.4　小红书：标记我的生活

小红书是以社区形式起家的电商平台，用户分享自己的消费体验，引发互动，从而带动消费。在小红书上，有成千上万真实消费者发表对产品的真实感受，这汇成了全球最大的产品口碑库。

小红书的“笔记”是其核心竞争力，早期，用户通过图文编辑、笔记贴纸、笔记话题标签等方式分享心得。后来，小红书紧跟短视频潮流，增加了视频分享功能，并添加了个性化设计，例如在视频上添加贴纸和文字等。

作为电商平台，小红书有着比其他短视频平台更为直接的变现体系，是实现短视频带货的重要途径。我们首先从用户群体出发，挖掘一下小红书与其他平台的不同之处。

2.4.1　用户优质：以女性为主，待挖掘新群体

小红书最初主要服务于香港代购群体，而后将范围扩大至海外，成为国内高品质的海淘社区。小红书以分享生活作为切入点，引导用户自发推介产品，交流使用体验，吸引了一批中高消费水平的优质用户，其特点如下。

1. 年轻女性的消费能力强

2019 年艾瑞数据报告表明，小红书的用户以女性为主，她们多是

一二线城市的白领，爱好旅游、美食、拍照、跨境购物等，喜欢彰显个性，希望获得关注，其中，“90 后”占总人数的 70% 以上。

这类人群对新鲜事物的接受能力强，消费欲望和消费能力较强，是小红书的主要受众群体。

2.“美女效应”引发的消费潮流

小红书汇聚了来自世界各地的好物分享心得，用户不仅可以在上面发现好用的护肤品、好吃的美食，还能看到旅游胜地，甚至是一本小说、一部影视剧的推介，可见其内容覆盖之广。

许多女性用户在分享穿搭、化妆技巧时，常常因其超高的颜值引来大量关注。虽说“同性相斥”，但在小红书，女性用户对于优秀的同性却持赞赏的态度，并通过学习对方的经验、购买同样的产品，满足自己追求品质生活的愿望。

这样的“美女效应”通常会带动消费，形成一种潮流。

2.4.2 电商与文化：这里都有

截至 2019 年 1 月，小红书的用户已突破两亿，虽然同年 8 月因争议事件遭多个安卓应用商城下架，但在两个月后重新上架后，用户留存率依然较高。小红书有别于其他短视频平台的特殊优势，大致可概括为以下几点。

1. 电商平台出身，转化能力强

小红书与前文提到的短视频平台有本质区别，其他平台以内容输出为主，通过各种宣传带动消费，而小红书本身就是电商平台，所有用户来到小红书的目的就是寻找好物，因此不需要激发消费欲望这一环节，在转化能力上具有先天优势。

2. 带货模式有趣，用户黏性强

小红书以图文、短视频作为“笔记”形式，主打各种潮流好物、网红商品，迎合了年轻人追求新鲜事物和高品质生活的态度。用户按照“看、买、用、分享”四个步骤，首先寻找优质产品，然后体验使用乐趣，最后自发分享、交流、互动带动消费，形成了良好的消费循环。

3. 带的不仅是货，还是一种生活方式

小红书十分了解年轻用户群的心理，世界上任何美好的事物好像都能在小红书上找到，例如南京鸡鸣寺的樱花、玻利维亚的天空之镜、夏威夷的彩虹刨冰……这些人们向往的事物，在小红书上统统有详细的介绍，好看的图片、视频让你躺在家中仿佛身临其境。另外，居家用品、零食饮料、美妆穿搭等，小红书用户自发分享体验，无不引发其他用户的共鸣与向往。

小红书作为一个电商平台，不仅为卖货而存在，更为用户提供了一个实现理想生活的机会。

2.4.3 “笔记”变现：带货和代写

小红书上的用户可以通过笔记带货，所以，笔记的排名和曝光度对于用户而言非常重要。另外，用户还可以通过帮其他人写笔记赚钱。以下将具体介绍如何用笔记变现。

1. 笔记带货

当你拥有一定的粉丝，且笔记曝光度高时，就会有商家找你合作。他们通常会要求你专门为其产品写一篇推介笔记，多以图文和视频结合的形式呈现你在笔记或直播中插入的商品卡片，若用户通过商品卡片购买商品，你可获得佣金。

2. 代写笔记

笔记的排名至关重要，直接决定了账号的流量和关注度。因此，一些不擅长或是没时间写笔记的人，就需要有人帮忙代写，这就是我们常说的代运营模式。通过帮人代写笔记收取费用，也是一种盈利方式。

在小红书上，会写"笔记"就相当于掌握了赚钱技巧，通过笔记可以实现多种变现模式。另外，小红书为迎合市场趋势也开通了直播功能，具体效果值得期待。

2.5 B 站：哔哩哔哩

"B 站"是哔哩哔哩（bilibili）的简称，早期作为一个 ACG（动画、漫画、游戏）内容创作网站积累了一定的用户。

经过十多年的发展，B 站目前拥有动画、国创、生活、娱乐、时尚等多版块内容，并开设直播、周边、游戏中心等业务板块，成为年轻人的潮流文化娱乐社区。截至 2019 年第四季度，月均活跃用户量达 1.3 亿，移动端月均活跃用户量达 1.16 亿。这类用户具有以下特点。

2.5.1 用户变化：从二次元走向大众

B 站以二次元起家，之后不断增加视频种类，受众人群和用户数量都获得快速增长。不过，B 站用户仍然有非常明显的特点，如下所述。

1. 核心用户：年轻人

B 站用户年轻化特征明显，以"00 后"和"90 后"为主，30 岁以下用户占总用户数的 7 成以上。他们大多是学生和刚踏入社会的上班族，文化程度普遍较高，对新鲜事物有好奇心，具有创新意识和创造能力。

2. 用户性别：男女均衡

B 站内容丰富，覆盖范围广，从娱乐热点到专业文化都有相应视频内容，且长短时长都有，能够满足不同人群的需求，所以用户和男女比例均衡，没有明显的偏向。

3. 用户地域：一二线城市为主

B 站的用户主要集中在一二线发达城市，其中，广东、山东和江浙沪地区占比较大，总体呈现由沿海向内陆纵深分布的态势。这些地区的人群消费水平较高，对新兴文化兴趣浓厚，B 站对于他们而言，是非常不错的线上分享互动平台。

2.5.2　三大优势：其他平台无法比拟

B 站为用户构建了一个涵盖 7000 多个兴趣圈层的多元文化互动社区，其源源不断产生的优质视频内容自成体系。

B 站曾获得 QuestMobile 研究院评选的“Z 世代[①]偏爱 APP”和“Z 世代偏爱泛娱乐 APP”两项榜单第一名，并入选“BrandZ”报告 2019 年最具价值的中国品牌 100 强。

能够获得以上奖项，足见 B 站具有其他视频平台无法企及的优势，我们一起来看一看。

1. 弹幕文化：一吐为快

弹幕是悬浮于视频画面上方的评论，最早出现在日本的 Niconico（ニコニコ动画）网站，俗称 N 站。B 站是国内将弹幕功能加入视频较早的网站之一，在很长一段时间里，只有 B 站的弹幕文化蓬勃发展。

现如今，弹幕已被各大视频网站普遍应用，但 B 站的“弹幕大军”尤为强大。他们常常“刷屏”，使整个视频画面被评论占满。很多人对此可能不太习惯，但 B 站用户似乎非常喜欢这种交流方式，他们认为“弹幕是视频的标配”。

而且，弹幕营造了一种可以超越时空限制的交流方式，让乐于展示自

① Z 世代：美国及欧洲的流行用语，意指在 1995 至 2009 年出生的人。

我的"Z世代"，在观看视频时能够随时一吐为快，并看到不同时间段其他用户的评论，形成了独具一格的弹幕文化。

2. 免费课程：娱乐学习两不误

在B站，你能找到各类专业知识的视频课程，例如大学高数、后期剪辑、考研集锦等，这些由创作者自发制作上传的内容成为B站具有代表性的视频类别。

2019年，B站泛知识学习内容的观看人数突破5000万，是2019年高考人数的5倍；用户在B站直播学习的时长突破200万小时。

因此，许多高校和科研机构的官方账号纷纷入驻B站，例如"二次元的中科院物理所"，自在B站上线以来，通过分享各种奇思妙想和有趣的科学实验，吸引了大量的粉丝，如今粉丝数已破百万。

3. 广告极少：良好的观看体验

我们在综合类视频网站看视频，通常需要观看1分钟左右的广告，如果想省去广告时间，就得花钱充会员；而B站的视频内容前是不会插播任何广告的，这种简单直接的观看模式使用户观看体验良好。

另外，B站的网页端广告也极少，且少有的广告通常也与B站风格相符，几乎会让人忘记这是一个广告。

综上所述，B站在新兴文化和用户体验方面有着明显的优势，这也是它长盛不衰的原因。

2.5.3 收入有保障：直接盈利和间接变现

B站拥有种类繁多的优质内容，并慢慢形成了良性循环。接下来，我们来了解一下B站的盈利方式。

1."激励计划"：播放量＝钱

2018年2月，B站推出了"激励计划"，当创作者的粉丝数达到1000

人或视频播放总量达到 10 万次时就可以加入该计划。这时，你的视频播放量就可以直接转换成收益，通常 1 万播放量可以获得 30 元的收益，以此类推。

不少粉丝百万的创作者，一条视频就有两三百万的播放量，可想而知他们的收益有多丰厚。如此诱人的激励机制，也促进了 B 站视频内容的创新和发展，实现了平台与用户的双赢。

2.“充电计划”：粉丝打赏

B 站用户在看完视频后，可以消费“ b 币”为创作者“充电”，也就是我们俗称的打赏。虽然 B 站官方会抽成 30%，但对于粉丝规模庞大的 UP 主[①]来说也是一份不小的收益。另外，B 站也有直播功能，粉丝同样需要充值对主播进行打赏，优质主播在一场直播结束后能获得相当可观的收入。

3. 商务合作：带货变现

这是短视频行业最常见的变现方式，通常创作者会以软广告的形式，将产品植入视频中。

在 B 站，这种具备带货性质的视频被称为“吃饭视频”。相对其他平台，B 站粉丝对创作者有较大的宽容度，对于广告类视频持理解和支持的态度，他们认为“毕竟 UP 主也要吃饭”。

因此，如果你拥有数量庞大的粉丝，且善于制作优质的“吃饭视频”，那么，你将会有非常可观的收益。

总的来说，B 站是一个聚集年轻人的优质视频平台，内容涉及范围广，用户包容性强，无论是长视频还是短视频，都有良好的生存环境。UP 主在收益上也有保障，非常适合自媒体人创业或做副业。

本章为大家介绍了比较热门的 5 大短视频平台，其中，以抖音和快手为代表的移动端短视频 APP 占据了半壁江山。

---

① UP 主：上传视频的人，也就是视频运营者。

西瓜视频借助“今日头条”的资源支持也有不错的流量，从短视频出发，逐渐向综合类视频平台发展。

小红书作为电商社区，具有优质的消费群体，是最直接的带货平台。

B 站集合了品类繁多的综合类视频，其强大的兼容性，也为短视频的发展提供了良好的生存空间。

如今，市场上还有许多有代表性的短视频平台，例如秒拍、美拍等，甚至连传统的视频网站优酷、爱奇艺等，都在努力发掘适合短视频发展的新模式。这些视频平台完全可以满足我们的带货需要，大家可根据自身情况选择最合适的平台。

第 3 章　养号指南：从 0 到 1 培养一个热门带货账号

为什么短视频运营之路阻碍重重？关键在于运营者没有掌握“养号”的秘诀。对于运营新手而言，养号更是至关重要，稍不留神，短视频账号就会被降权。因此，掌握“养号”的方法，是成功运营短视频的第一步。

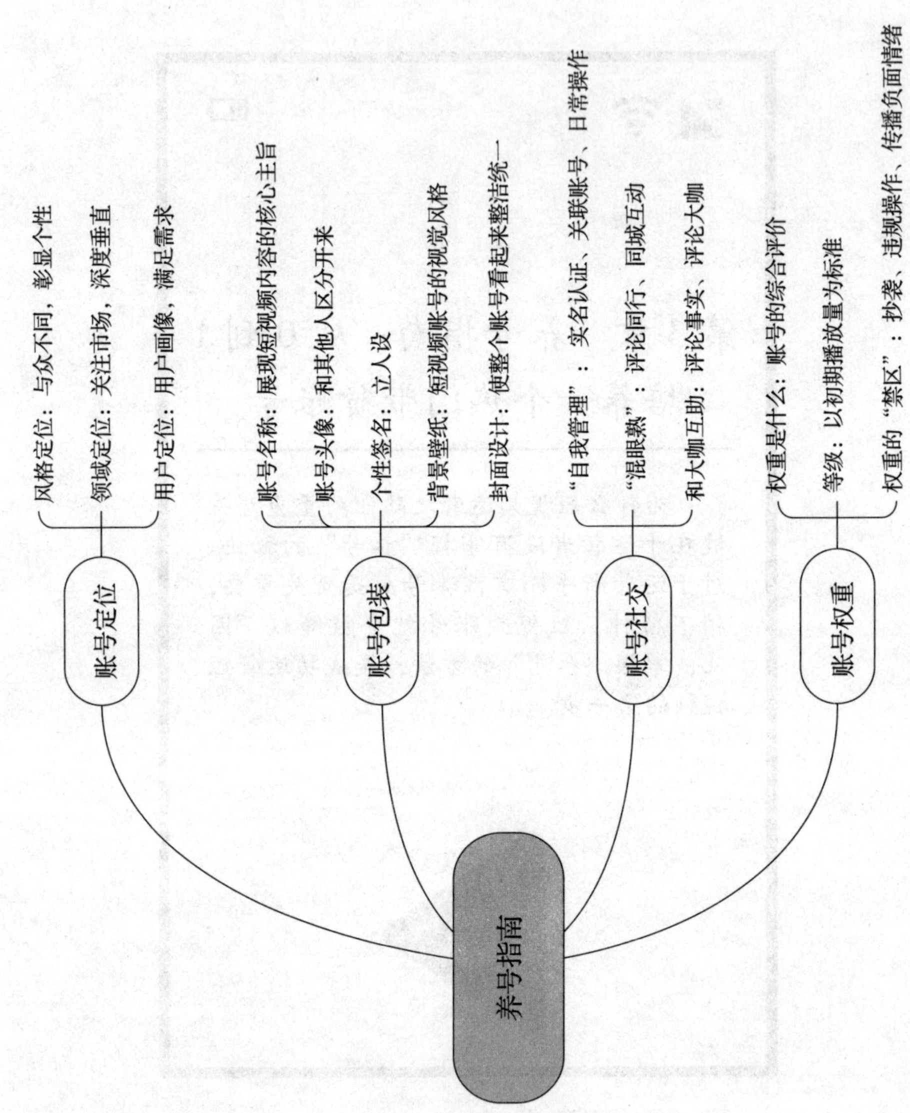
养号指南
账号定位
风格定位：与众不同，彰显个性
领域定位：关注市场，深度垂直
用户定位：用户画像，满足需求
账号包装
账号名称：展现短视频内容的核心主旨
账号头像：和其他人区分开来
个性签名：立人设
背景壁纸：短视频账号的视觉风格
封面设计：使整个账号看起来整洁统一
账号社交
“自我管理”：实名认证、关联账号、日常操作
“混眼熟”：评论同行、同城互动
和大咖互助：评论事实、评论大咖
账号权重
权重是什么：账号的综合评价
等级：以初期播放量为标准
权重的“禁区”：抄袭、违规操作、传播负面情绪

3.1　账号定位：有趣的灵魂

与商业有关的话题一定绕不开定位这个词。那么，定位的概念到底是什么呢？短视频又该如何定位呢？

本节我们一起来了解定位的含义、短视频定位的方法，并通过实际案例解读定位的重要性，以便让每个短视频运营者都能找准自己的定位，让自己的短视频账号拥有一个"有趣的灵魂"。

3.1.1　认识定位：用户心中的"标签"

1. 定位的定义：根据客户认知提出

1969 年，美国顶尖营销战略家——特劳特咨询公司创始人杰克 · 特劳特首次提出了定位理论。他在 1981 年出版的学术专著《定位》中提道：

定位要从一个产品开始。产品可能是一种商品、一项服务、一个机构或者一个人，也许就是你自己。但定位不是要对产品做的事，定位是要对预期客户做的事。换句话说，要在预期客户的头脑里给产品定位，确保产品在预期客户头脑里占据一个真正有价值的地位。

由此可见，定位是从产品出发，最终落实在客户身上的。定位一个产品，要让它符合客户心中的价值预期，确保客户的头脑中对产品有清晰的认知。

定位不是针对产品的，而是针对客户认知的。因此，我们在给短视频账号做定位时，要了解用户的想法与喜好，确定一个符合用户观念的准确定位。

2. 短视频为什么要定位：找到真正的受众人群

一方面，短视频也是产品的一种，也需要以用户的观念为基础，提出符合用户需求的定位；另一方面，现在的短视频平台都有智能推荐算法，为自己的短视频找准定位，贴上一个恰当的“标签”，将直接决定短视频的曝光率和浏览量。

字节跳动（北京字节跳动科技有限公司）旗下的产品今日头条、抖音、西瓜视频的算法技术尤为强大，可以根据用户的喜好，准确推荐与之相匹配的内容。

我们在刷抖音时不难发现，一旦你对于某类视频点赞较多，系统就会自动推荐更多类似内容。这是因为系统会根据短视频内容在用户心中的定位，为所有短视频分门别类，贴上标签。

比如我们的账号常看或是常发“时尚穿搭”类短视频，系统就会为我们的账号贴上“时尚穿搭”的标签，并将所有与这一标签相符的内容推送给我们，也会将我们发布的短视频推荐给被贴上同样标签的用户。

另外，我们在发布视频之前，可以自行添加与内容相符的标签，以便让系统快速识别短视频内容并分类。当然，大多数人不会只对某一类视频感兴趣，所以短视频账号也不会只有一个标签。通常情况下，喜欢时尚穿搭的人也关注美妆护肤话题，或者对服装、造型等话题感兴趣。

因此，我们在设置标签时，可以添加一些关联词，或是将标签细分，深入垂直领域。

3.1.2　定位三元素：三种元素互相成就

在了解短视频定位的含义和重要性之后，我们就可以具体分析怎样给短视频定位了。以下是我为大家总结的短视频定位四元素。

1. 类型定位：关注市场，深度垂直

每个人都有擅长的领域，因此在选择短视频的领域时，应首先尝试自己擅长的领域。一旦领域确定下来，就不要轻易改变，否则会影响垂直用户的黏性，对短视频账号的长期发展不利。

不过，有些短视频运营公司习惯批量运营，在发布某个领域的视频没得到良好的市场反馈时，会马上更改策略，制作其他类别的短视频，这种根据实际情况做出调整的方式，需要大家自行斟酌。

在短视频领域，定位做得较好的短视频运营者不在少数，例如拥有近 2000 万粉丝的某抖音健康知识类短视频账号，这个短视频以分享健康知识为主，持续更新与健康相关的信息，吸引了大量忠实粉丝。它的短视频制作简单、时长较短，几乎无须剪辑技巧，但讲解专业、话术直白、深度垂直，符合市场需求，因此取得了非常不错的成绩。

2. 风格定位：与众不同，彰显个性

要给短视频定位，首先要确定其整体风格，无论哪种类型的短视频，都需要设定属于自己的风格。就像每个不同的人都有自己的性格。只要我们的短视频不断强化这一风格，用户自然会将我们的形象记入脑海中，这对于长期吸粉引流能起到关键作用。

留在用户心中根深蒂固的印象，便是每个短视频的“个人特色”。没有人物（角色）出镜的短视频，也需要有特定的风格，比如拍摄手法和剪辑技巧别具一格。这些有关短视频整体调性的设计，都是风格定位。

3. 用户定位：用户画像，满足需求

用户定位实际是流量变现的前提条件，将用户定位放在这里讲解，能帮助大家对短视频的定位有更深入和全面的了解。

找准短视频的定位，能帮助我们锁定短视频的策划与制作的方向，制作目标用户喜欢的短视频，而短视频运营的最终目的是流量变现。因此，用户定位是重中之重。

我们可以通过查看短视频账号后台的用户数据来分析用户特征，比如男女比例、年龄段、所在区域、受教育程度、收入状况等。这可以帮助我们在进行商务合作时，承接符合粉丝喜好的产品，满足潜在客户的需求。

如果我们短视频账号的粉丝画像为：女性为主、25岁至35岁之间、东南沿海城市居多、本科及以上学历、中高收入水平。

通过分析这些信息可以得出：我们的粉丝大多为江浙沪、广深地区上班的都市女白领，她们的生活质量和日常消费水平较高，且对新鲜事物的接受能力较强。

因此，我们在进行商务合作时，可以选择中高端服装、美妆品牌，进口零食，等等。

通过对粉丝特征的分析，可以确定用户定位，挖掘潜在受众群体，这对我们短视频账号是否能最大化变现至关重要。

账号定位的三个元素是相辅相成、互相影响的，我们在实际运营中也可以根据市场反馈灵活调整各项定位，让我们的短视频更加符合用户喜好。

3.2 账号包装：好看的皮囊

当我们拥有了"有趣的灵魂"之后，还需要让更多的人认识我们。其实，短视频账号就像是一个人，在注册完成后，也就意味着一个新的"短视频生命"诞生了。那么，该如何装扮这个人，才能够让它在人群中闪闪发光呢?

我们可以从账号名称、账号头像、个性签名、背景壁纸、视频封面这五个方面入手，让我们的短视频账号富有特色和记忆点，达到让人一见倾心、过目不忘的效果。

3.2.1　账号名称："大名"要响亮

一个好的账号名称能够充分展现短视频内容的核心主旨，提高传播效率。如果我们在设计账号名称时不知如何下手，可以问问自己：我的短视频内容主要是什么？我的特色是什么？哪些人愿意观看我的短视频？

搞清楚这些问题后，我们大概就能提炼出几个关键词，然后通过发散思维，遵循"便于识别、提升信任、便于传播、容易查找"四项原则，将其删减或者组合，也许就能得到一个不错的名字。

这里，我为大家列举 4 个给短视频账号取名的方法，供大家参考，希望每一位短视频运营者都能给自己的账号取一个响当当的大名。

1. 本人名字：打造个人 IP

许多短视频运营者会以自己的名字作为短视频账号名，这有利于打造个人品牌。但要注意的是，这里的名字并不一定是运营者的真实姓名，也可能是其根据自己的特征取的艺名。

这类账号有一个共同点：泛娱乐化明显，且所有短视频内容都以运营者本人为主角。因此，直接用本人的"名字"非常符合短视频的主旨，并且能强化个人 IP。

2. 领域描述：深入垂直领域

如果你的短视频内容以分享某个领域的新闻信息为主，那么，可以在账号名称中加入与该领域有联系的关键词。这样，用户在搜索相关信息时，你的账号名可能就会优先出现在搜索结果中。更重要的是，这便于我们在该领域挖掘垂直粉丝，为后期变现奠定基础。

比如我们的短视频内容是以"宠物洗护"为主，那就可以取一个简单直白的名字"宠物洗护小王"，用户在搜索"宠物洗护"时，搜索结果有可能会弹出你的页面，能提高账号的曝光率，也能吸引更多关注此类信息的用户。

要注意的是，这类账号名要以“简单好记”为原则，尽量用简单明了的词汇，切勿用生硬难懂或太过华丽的词汇。

抖音上有一个比较有名的汽车推荐运营者，他将个人 IP 与领域关键词很好地结合在一起，抖音用户对他的短视频内容有非常清楚的认知。

3. 数字取名：增加敏感度

古希腊哲学家毕达哥斯拉提出：“数是万物的本质，数字有很奇妙的能量。”

数字能量化事物，且笔画简单，读起来也朗朗上口，因此，许多短视频账号在名称中加入了数字，例如抖音上非常有名的游戏账号“一条×××”，搞笑剧情类短视频账号“ ×× 六点半”，专业短视频账号“一条”“二更”，等等。

可以说，利用数字取名是一个简单又实用的方法。

4. 巧用谐音：增强记忆点

谐音在各类广告文案中经常会用到，它的强大之处在于，能利用人们脑海中已有的记忆点，让人们记住新词汇。

湖南卫视的音乐类节目《声入人心》的名字就来源于成语“深入人心”。通过谐音改字的方式取名，既符合视频主旨，也有利于传播。

2019 年，一款短视频名为“朕惊视频”，巧用了“震惊”的谐音。这样的例子还有很多，谐音取名是一个既有创意也有记忆点的好方法。

3.2.2 账号头像：“眼缘”很重要

账号头像就好比人的脸，在有了一个好听的名字之后，我们还需要搭配一张“好看的脸”，以便让用户将你和其他人区分开。

因此，我们账号的头像必须要有“高颜值”，才能在众多短视频账号中脱颖而出。现在，我们就一起来学习，如何打造既符合短视频主旨又合乎用户眼缘的账号头像。

1. 主角图片：放大“主角光环”

短视频内容的主角可以是运营者本人，也可以是萌宠或卡通角色，无论主角是谁，都可以直接将其用作账号头像。接下来，我们具体了解一下如何设计这类账号的头像。

（1）本人照片：提升信任度

使用运营者本人的照片能拉近运营者与用户之间的距离。对于想要打造个人 IP 的运营者来说，将自己的照片作为头像比较合适。

对于 KOL（意见领袖）或是高颜值运营者而言，让粉丝看到自己的相貌，能够有效提高粉丝的好感度。

另外，一些垂直领域的账号，比如由专业医生运营的分享健康知识的账号，也非常适合用医生本人的照片作为头像，这能够大大提升用户的信任度。

（2）萌宠头像：“撒娇的头像最好命”

“萌宠经济”的发展，促使短视频行业出现了许多以宠物为主角的短视频账号，这类账号非常适合直接将宠物的照片作为头像。

我们在给萌宠拍照时，可以适当地使用道具，比如可爱的衣服、漂亮的头饰等，或是在后期修图时加一些装饰元素，这些都能使头像看起来更加可爱、富有个性。

（3）卡通角色：创意“搬运工”

有很多短视频账号是以对动漫进行二次创作的内容为主，还有一些搬运号是以剪辑原动漫中有趣的部分为主。这类账号可以直接使用该动漫角色作为头像，但要注意搭配合适的账户名，突出账号内容的特征，以免淹没在海量账户中。

2. 相关领域图片：深挖垂直领域

如果我们的短视频账号，重点运营某个垂直领域的内容，那我们就可以选择符合这一领域特征的图片作为头像，让用户通过头像，就能初步了解这个账号的定位和特征。

（1）品牌 Logo

用品牌 Logo 作短视频账号头像，相当于直截了当地告诉用户该短视频账号的主要内容，既能提升账号的专业度，也能强化自身品牌形象。

很多专业领域的短视频账号会这么做，例如科技类短视频账号“科技公元”就是用其简洁大方的 Logo 作头像，看起来既高端又专业。

（2）账号名称图

如果短视频运营者没有自己的品牌 Logo，那么，可以考虑用账户名称作为账号头像。

例如生活技巧分享类短视频账号，其账号头像就是账号名称四个大字的图片，看上去既清晰又显眼，是一种简单且正式的设计方案。

（3）代表事物图

有些短视频账号用特定的实物照片作为账号头像，能够给用户更直观的印象。

某花艺类短视频账号，就是以一朵花的图片作为头像的。类似的例子还有很多，比如汽车类短视频账号可以把汽车图片作为头像，图书类短视频账号可以将一本书作为头像……这些都是能够让用户快速了解短视频内容的方式，值得大家参考。

以上为大家提供了几种设定短视频账号头像的方式，大家可以按照自己账号的实际情况选用，以便让用户对我们的账号更有“眼缘”。

3.2.3 个性签名：“谈吐”需得体

“个性签名”对于互联网网民来说并不陌生，从腾讯 QQ、微信到各类社交软件，个性签名一直是展示自己心情和态度的重要方式。

对于短视频账号而言，个性签名也是不可或缺的一部分。那么，短视频账号的个性签名该如何设计呢？本节将为大家解答这个困惑。

1. 立人设，贴标签：加深印象

热衷网上冲浪的朋友一定知道，任何有社交性质的软件和应用都可以填写个性签名，短视频当然也不例外。不过，短视频的个性签名不只停留在表达心情的层面，更多是为该账号立人设，使用户对该账号有一个固定印象。

某账号的个性签名（同时也是 slogan）是“一个集美貌与才华于一身的女子”，某知名旅日博主的个性签名是“旅居日本，江湖儿女，城市女郎”。

这两个个性签名都是对人物形象进行描述，为运营者本人贴上特定的标签，并通过“立人设”的方式，增强与粉丝之间的情感联系，为之后短视频的内容创作打下基础。

另外，服务类、带货类短视频账号更应该在个性签名中凸显自己的价值，让用户通过你的个性签名，就能对短视频内容有初步认知。更重要的是，要让用户提起某件事或某个领域时，就能自然而然地想到你。

这些例子足以说明，想要在用户心中留下深刻的印象，首先要为自己在某个领域设立一个恰当的人设，只有这样，才能加深短视频账号在用户心中的印象。

2. 表态度，树理念：积极向上

我们在打造个人 IP 类短视频账号时，要用充满正能量的个性签名。但要注意的是，大众现在对太过矫情的“心灵鸡汤”比较反感，我们在设计个性签名时，最好做到“语出金句”。

某知名旅游博主的个性签名是“我叫 ×× 不放弃”。

某专业短视频账号的个性签名是“所有未在美中度过的生活，都是浪费了”。

这类带有明确生活态度的个性签名，不仅为账号贴上了标签，立下了人设，还在一定程度上拔高了运营者的思想境界，提升了该账号在用户心中的好感度。

3. 谈合作，留电话：目的明确

短视频账号的个性签名并不仅仅要表达个人观念，更要为商务合作、流量变现提供渠道。每个具备商务合作条件的短视频账号，都会在个性签名中留下电话、微信等联系方式，以方便商家联系我们。

另外，许多短视频账号还会向其他关联账号做引流，所以，会在个性签名中添加其他账号的信息。例如微博账号、微信账号等。不过，有一点需要注意，许多短视频平台会规避其他平台的名称，我们可以用谐音、字母或图标来代替。

我们可以将以上三点巧妙结合，加上自己的创意与想法，写出富有个人特色的短视频个性签名。

3.2.4 背景壁纸：“发型”不可乱

背景壁纸是打开短视频账号主页面后，在屏幕最上方显示的背景图片。它像是一个人的“发型”，决定着短视频账号的视觉风格。有的短视频运营者可能会忽略背景壁纸，但对于注重细节的运营者来说，这也是相当重要的一个环节。

有电脑端的短视频平台会为运营者留出一大片区域放置背景图，因此，设计一个符合短视频账号风格的背景壁纸至关重要。那么，该如何从账号本身出发，选择合适的背景图呢？

1. 符合账号定位

背景壁纸的选择应以“服务短视频内容”为目的，因此，我们可以选择一张符合短视频内容主题的图片作为背景图，与整个短视频账号形成统一的调性。

某快手短视频账号的背景壁纸是她本人的古风照片。

B 站知名电影解说账号的背景壁纸是二次元卡通电影院。

这都是以短视频内容为出发点选择的背景图，有的更是结合了 B 站的特点，专门设计了二次元风格的图片，更加符合该平台的用户喜好。

2. 宣传品牌理念

对于企业蓝 V 号和品牌官方账号来说，利用背景图来展示品牌文化和企业愿景再合适不过。

短视频账号的背景壁纸，相当于企业的免费宣传位，企业一定要充分利用这个展示品牌文化的宣传位，为流量变现打下坚实的基础。

3. 直接引导关注

这种方式简单直接，即在背景图上写上类似“关注我”“添加某某账号”等字样。

这种方式需要运营者发挥创意，使文案生动活泼，才可能有一定的引流效果。

以上三种选短视频账号背景壁纸的方法，大家可以根据具体情况自行选择。

3.2.5 封面设计：“衣着”要统一

短视频封面又叫“头图”，相当于一条短视频的“缩略图”，能够让用户在没有打开短视频之前，就了解该视频的基本信息。一些八卦新闻喜欢用特别的封面图吸引眼球，这与我们俗称的“标题党”相似。

虽然短视频的流量并不完全依赖封面图，但好的封面图无疑是加分项。

常用的封面图是短视频中的精彩画面，然后用显眼的字体和颜色写上本条短视频的标题。用户打开短视频列表，就能清晰地知道每条视频的内容。

另外，要注意的是，所有短视频的封面图风格要保持一致，切勿花里胡哨、主次不清。

以上就是关于账号包装的所有内容，我们可以把短视频账号当成是一个活生生的“个体”，从名称、头像、签名、背景图、封面图等方面精心设计，打造一个有特色、有能量的短视频账号，赋予它蓬勃的生命力。

3.3 账号社交：广阔的人脉

账号社交是我们在运营短视频期间需要持续进行的工作，尤其当我们还是毫无名气的新人时，更需要通过社交来打开市场、吸引流量。

那么，短视频账号社交该如何进行？具体涉及哪些方面呢？接下来，我们一起解答这些问题。

3.3.1 自我管理：“三省吾身”

我们在社交之前要进行自我管理，优化自身形象，这些内容在前一节里已经详细介绍，但仍有一些细节需要强调。

1. 实名认证：信息完整

目前，几乎所有短视频平台都要求用户实名认证并绑定手机（一卡、一机、一号），短视频运营者更应主动完成这些操作。这样平台才不至于将我们的账号归为“僵尸号”。

各短视频平台要求我们填写的资料包括性别、年龄、城市、学校等。城市位置可以帮助我们快速筛选出同城的短视频账号和用户。

2. 关联账号：多多益善

许多短视频平台能够与社交软件和自媒体平台互相关联、同步发送内容。例如抖音可以与今日头条互相关联，新浪微博可以与绿洲互相关联。

当我们将短视频账号与其他平台的账号绑定在一起后，只要我们在任意一个账号上发布内容，其他平台的账号都会自动同步发布，这种方式大大减少了我们的工作量。

3. 日常操作：培养习惯

在我们运营短视频初期，功利心不能太强，要像普通用户一样去浏览其他短视频，给系统一个我们是正常用户的印象。我们每天要保持半小时以上的浏览时间，至少坚持一周，浏览的内容要与我们自己的短视频定位相关，以便让系统为我们的账号贴上标签。

要注意的是，不要盲目点赞，对自己感兴趣的短视频要在完整观看完之后再收藏点赞，切勿出现太过机械化的操作，让系统对我们的账号产生“不信任感”。

3.3.2 “混脸熟”：打破僵局

我们在完善账号相关信息之后，就可以尝试外出社交——“混脸熟”了，那么，究竟该怎么做呢？下面我将为大家详细介绍。

1. 评论同行：抱团取暖

短视频评论区是一个汇聚人流的社交圈，在我们还是短视频运营新手时，可以多在同类视频的评论区留言。

俗话说：“在家靠父母，出门靠朋友。”给同行留言可以帮助我们与同行搞好关系。当然，这里的同行基本上是和我们一样，进入短视频行业不久的新人，在大家暂时没有太多人气的时候，互相扶持、抱团取暖是一种不错的生存方式。

另外，因为同类型短视频的观看人群相似，我们可以借助同行的流量增加我们自身的曝光度，这样能够帮助我们吸引潜在用户。

2. 同城互动：小有名气

相对于全国短视频市场而言，先利用"同城"功能打开当地短视频市场是一个比较明智的选择。虽然同城用户数量有限，但如果能在某个区域内闯出名堂，也能拥有不错的流量。

尤其是有线下实体店的运营者，非常适合与同城的用户互动。通过这样的方式，不仅能与同城用户"混个脸熟"，还能为线下实体店引流，实在是一举两得。

3.3.3 和大咖互动：吸引流量

对于初出茅庐的新手而言，没有伯乐的赏识，就算是匹千里马也很难成功。所以，我们在运营短视频初期可能需要"大佬"助我们一臂之力。如果你有这方面的资源，能对自己的账号做引流，那是再好不过了。但是，大多数人是独自闯荡江湖。这时，我们就需要主动和大咖交流。目的不是让"大咖"赏识我们，而是让他们给我们一个展示的机会。而"大咖"们的评论区，就是一个人流密集的免费展示平台。

我们可以关注一些官方新闻账号，紧跟社会动态，对新闻事件发表自己独到的见解。如果你发表的评论说出了大众的心声，且表达清晰、见解深刻，很有可能会被顶上热门，或许一条评论的点赞量就会超过你发布的短视频的点赞量。

这种方式，一方面可以帮助我们在公众面前树立良好的正面形象；另一方面可以将官方账号的流量吸引到我们自己的账号。

我们给热门短视频写评论的目的是让更多的用户对我们的账号"有印象"，把它当作习惯和乐趣，长久地坚持下来，一定会有收获。

3.4　账号权重：尊贵的地位

“账号权重”是我们经常听到的词汇，但许多人对它的含义却一知半解。通俗地说，“账号权重”相当于一个人的“地位”，是一种身份的象征。不同地位的人受到的待遇不同。对于短视频而言，不同权重的账号，获得的流量也大为不同。接下来，我将以抖音为例，为大家系统地阐述账号权重的定义和分类，以及提高账号权重的方式。

3.4.1　权重是什么：账号的综合评价

抖音账号的权重是指抖音平台对某个抖音账号的综合评价，而其评价的依据包括但不限于短视频的播放量、点赞量、评论量、转发量等。

1. 权重的重要性：直接决定曝光度

对于短视频运营者来说，账号权重非常重要，它直接决定了短视频的曝光度，比如是否会被分配流量，是否会被推荐给更多用户等。如果你的账号权重非常低，那么，无论短视频内容多精彩，抖音平台都不会为你的账号分配流量。

2. 权重的获取方式：抓住“第一次”

抖音官方不创作内容，所有短视频都来自平台的创作者，所以，抖音会大力扶持有潜力的创作者。资质优秀的新手，一开始就能得到官方的青睐。这也是很多账号的第一条短视频常有不错点赞量的原因。

因此，一个新账号前几条视频的质量相当重要，它决定了账号的初始权重。抖音的系统会根据前几条短视频的数据，分析我们的账号是否值得推荐给更多的用户。

如果你的第一条短视频在官方的扶持下取得了很好的效果，那么恭喜你，这是一个不错的开端。接下来，你需要持续不断地更新优质内容，好好利用抖音对新人的流量支持，让自己的账号进入良性循环。

想要不断提升和稳定账号权重，就要继续打造“爆款视频”。一般情况下，如果一个账号的前 5 条短视频在较短时间内都能突破 5 万播放量，那么这个账号就可以算是一个权重非常高的优质账号，短视频作品上热门的概率就相当大。

3.4.2 权重的等级：以初期播放量为标准

抖音将所有账号按权重分为四个等级：高权重账号、中权重账号、低权重账号、无权重账号。抖音系统会根据每个账号初期的短视频数据，确定其权重等级，下面我们来具体了解一下。

1. 高权重账号：1 万以上播放量，优先推荐

每条短视频播放量稳定保持在 1 万以上的账号，会被官方判定为优先推荐账号。

虽然 1 万的播放量听起来不算高，但放到所有短视频中来看，已经是不错的成绩了。如果新账号的每条短视频都能够维持这一成绩，基本可以成为高权重账号，只要持续产出优质的视频内容，随时都有上热门的可能。

当我们拥有一定的曝光量时，可以积极参与官方发起的各类话题活动和挑战，比如直播瓜分 20 亿流量的活动。此外，我们还可以使用热门同款音乐拍摄视频，或者与同行、达人合拍等。这些方式能帮助我们贴合热点，为自己的账号引流，从而维持和提升权重。

要注意的是，短视频的热门话题更新较快，前两天还流行的也许今天就没人关注了。所以，我们在贴合热点时应该走在时尚的最前沿，随时关注潮流动态，保证在第一时间参与那些关注度高、流量大的热门话题和

活动。

2. 中权重账号：3000~5000 播放量，待推荐

每条短视频播放量在 3000~5000 的账号，会被官方判定为待推荐类账号。

4 位数的播放量放在抖音平台来看，算是一个能够正常运营的量。对于新手来说，如果能够好好利用这个播放量，还是很有可能提升权重的。

对于这类账号，抖音的系统会将其统一放在一个等待推荐的流量池里适当地分配流量。

中权重账号想要持续创作出符合受众喜好的短视频内容，一定要深入研究垂直领域，将内容做精做细，通过提高播赞比（播放量和点赞量的百分比）来提升账号权重。

3. 低权重账号：100~200 播放量，暂无推荐

每条短视频播放量在一周内只能达到 100~200 的账号，抖音官方暂时不会给予流量支持。这类账号几乎不会被抖音系统纳入流量池，基本每条短视频在发布后，只能被自己的粉丝或是少数同城用户看到。

这种情况相对来说比较棘手，但还没有到走投无路的地步。如果我们能够贴合热点，发布一条极具特色的短视频，充分利用现有的播放量，也有概率一举成名。

4. 无权重账号：100 以下播放量，无推荐

每条短视频播放量只有 100 以下播放量的账号，会被抖音系统判定为无权重账号，也就是我们俗称的“僵尸号”。抖音不会给这类账号分配任何流量。

用“僵尸号”发布视频只能被粉丝看到，如果账号本身没有粉丝，播放量很有可能为 0。所以，当我们的账号被判定为“无权重账号”时，基本可以放弃这一账号，重新注册新账号运营了。

本节以抖音为例，向大家介绍了账号权重的重要性。其他短视频平台

可能会在具体判定方式上有所不同，但总体而言，每个短视频平台都是将账号的反馈数据作为判定权重的标准的。

3.4.3 权重的“禁区”：平台规范，自我约束

本节我将为大家详细讲解短视频运营不可触碰的“禁区”。

1. 侵犯他人版权

如今，大众的版权意识越来越强，各大短视频平台的版权保护措施也越来越完善。因此，我们在使用某段音乐或视频时，一定要确认版权归属。如果原作者申明不允许使用和转载，我们就不能使用。

如果原作者同意转载使用，我们也要在短视频中或评论里注明出处。这是对内容创作者的尊重，也是短视频运营者最起码的素养。

不过，有些音乐或创意是可以直接使用的，比如抖音提供的“拍同款”功能。在进行短视频创作时，我们要绷紧版权这根弦，一旦出现版权纠纷，将得不偿失。

2. 发布违规视频

发布违规视频的账号被用户举报后，权重会被大幅度降低，严重者会被直接封号。以下为大家列举 3 种常见的违规内容。

（1）发布违法信息

违法信息在任何时候、任何场合和任何平台都是不允许存在的。作为短视频运营者要有正确的价值观念，绝不能传播违法信息。

近两年，短视频平台管理越来越规范，并且大大提升了对违法信息的处罚力度。因此，我们在发布短视频时，一定要自动规避违法内容，做一个合格的短视频运营者。

（2）垃圾广告

广告对整个短视频行业至关重要，各短视频平台都支持和鼓励优质广

告内容，严厉打击垃圾广告。

我们在承接产品广告时，一定要拒接国家违禁品，拒接三无产品，拒接欺骗消费者的产品等。如果用户发现我们的账号发布垃圾产品广告，会直接向平台投诉，这将导致我们账号的权重被大幅度降低。

（3）恶意攻击他人

短视频平台是公开的社交场合，我们要尊重每一个运营者和普通用户，不辱骂他人，不对他人进行人身攻击，不煽动粉丝对他人进行嘲讽、谩骂、人肉搜索，甚至人身攻击。

短视频运营者作为内容的传播者，应该传递积极向上的能量，引导粉丝好好生活、认真学习、积极工作。

3. 异常操作账号

极少数运营者为了尽快提高账号权重，利用平台漏洞制造虚假数据(如买粉丝量、买点赞量等)。这种花钱购买粉丝量和播放量的违规行为，破坏了短视频平台的规则，是各大平台都不允许的。

总而言之，我们要遵守国家法律法规和短视频平台的规定，不传播违法违规的有害信息，不弄虚作假，把聪明才智用在创作优质内容上，等待金子发光的时刻。

第 4 章 短视频内容运营，提高粉丝黏性，销量源源不断

维亚康姆公司（viacom）总裁雷石东提出："传媒企业的基石必须而且绝对必须是内容，内容就是一切！"在"内容为王"的今天，短视频运营者更应该以高质量的内容和绝佳的创意去赢得用户的青睐。

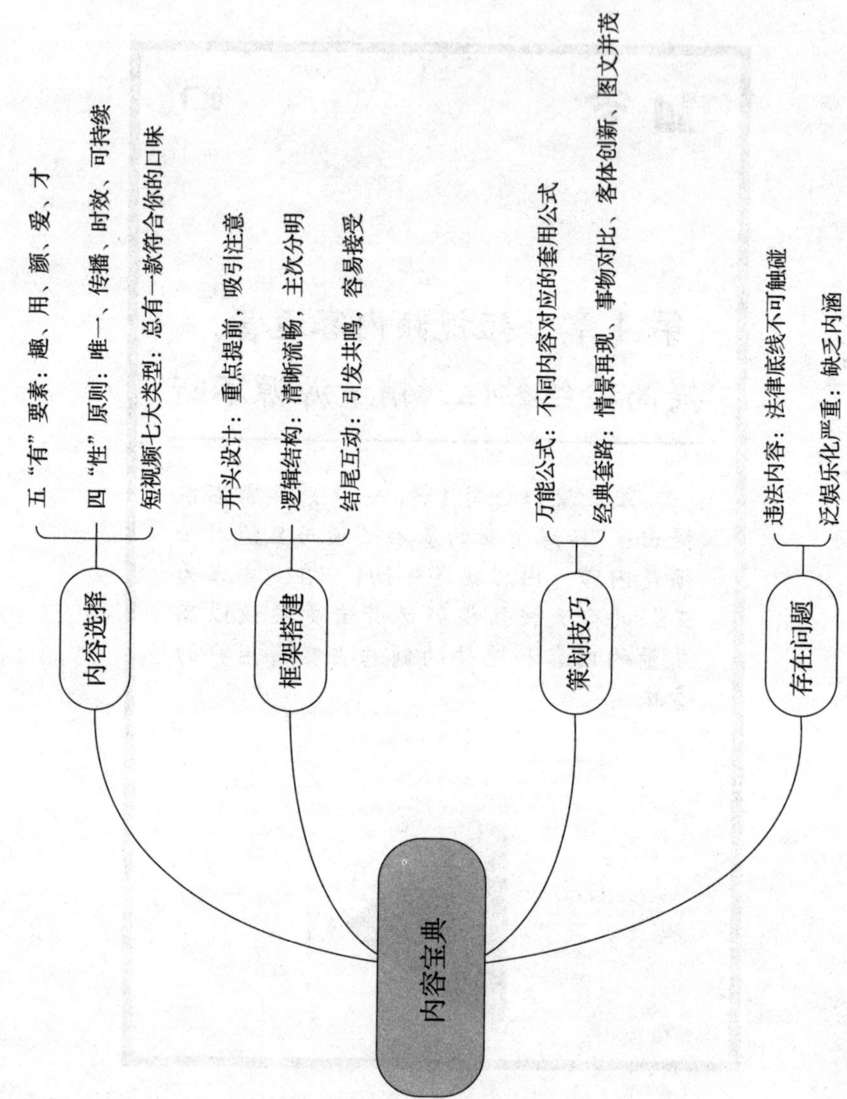
内容宝典
内容选择
五“有”要素：趣、用、颜、爱、才
四“性”原则：唯一、传播、时效、可持续
短视频七大类型：总有一款符合你的口味
框架搭建
开头设计：重点提前，吸引注意
逻辑结构：清晰流畅，主次分明
结尾互动：引发共鸣，容易接受
策划技巧
万能公式：不同内容对应的套用公式
经典套路：情景再现、事物对比、客体创新、图文并茂
存在问题
违法内容：法律底线不可触碰
泛娱乐化严重：缺乏内涵

4.1　内容选择：有价值，适发展

短视频的用户群体年龄跨度大、地区分布广、喜好各不相同。作为短视频运营者，要挑选适合自己特色、符合用户需求的内容，不是一件简单的事。

我通过研究大量爆款短视频，总结出了五“有”要素和四“性”原则，相信能给大家带来一些启发。

4.1.1　五“有”要素：趣、用、颜、爱、才

在众多短视频中，能够得到用户认同的都具备五“有”要素，它们能引起用户的兴趣，激发用户分享的欲望。

1. 有趣：分享快乐

传播范围广的短视频无不具备“有趣的内容”。比如某抖音达人通过接地气的剧情短片大获好评；某抖音达人则以夸张搞怪的表演方式俘获了一大批少女的心。这两位“达人”的短视频内容都很有趣。

在泛娱乐化蔓延至千家万户的时代，我们甚至无需像“大咖”一样提前策划完整的剧本，只需要利用茶余饭后的时间，就能捕捉到生活中有趣的瞬间，这些真实的抓拍画面有时更能戳中大众的笑点，获得不错的播放量。

某抖音短视频运营者发布了一条《哈士奇在泥里打滚》的短视频，这条记录真实事件的短视频颇具趣味性，一经发布就吸引了众多用户的关注，点赞量达到 200 多万。

这充分说明，真实接地气的有趣内容，能获得很多用户的喜爱，这类短视频老少皆宜、男女通吃，是我们创作短视频的首选。

2. 有用：方便学习

在任何行业或领域，“有用的东西”都会得到人们的重视。在自媒体时代，生活小技巧、实操指南和干货分享类的文章都能获得很高的阅读量和收藏量。在短视频领域，这类具有功能性的内容同样受到偏爱。

许多人在看到瘦身或塑形的短视频教程时，常常会情不自禁地收藏。即使在实际生活中并没有使用过这个教程，但在下次遇到同类视频时，还是会忍不住将视频保存下来。

我们会在潜意识里认为：“这个视频对我非常有用，就算现在用不上，以后也会需要。”毕竟我们习惯了有备无患。

同样的例子还有很多，这也是生活小妙招、健康知识、工作技能、学习方法、育儿指南等类型的短视频通常能获得更多用户的关注的原因。

3. 有颜：赏心悦目

爱美之心人皆有之，每个人都喜欢和向往美好的事物。所以，高颜值的帅哥美女很容易吸引大众的眼光，获得较高的关注度。

很多内容设计简单的短视频，常因为主人公极具吸引力的外表引来一大批追随者，这样的例子屡见不鲜。

某抖音短视频运营者因分享了妻子在怀孕期间的日常生活而获得广泛关注。其中最重要的原因就是：视频的主人公外形姣好、性格可爱，整体形象阳光积极。

另外，有颜不单指人物，可爱的萌宠、优美的风景等都属于高颜值。我们还可以在前期拍摄和后期剪辑中适当为短视频添加装饰物，以提高短视频的整体颜值。

4. 有爱：积极向上

正能量的、乐观有爱的内容最能获得用户的认同。这类短视频可以是真实场景的记录，也可以是剧情的演绎，只要能戳中短视频用户的软肋，就能达到很好的效果。

抖音上有一条百万点赞的短视频，文案为："开学第一天，小女孩和小伙伴们分享自己的新腿，好暖。"这条视频的内容是：一个装上义肢的小女孩在校园里向她的同学们展示自己灵活的新腿，小伙伴们开心地拥抱她，和她一起在阳光下快乐地奔跑。

这条感人的短视频给无数网友留下了深刻印象，大家都在祝福这个不幸却又幸运的女孩。有一条热门评论这样说："没有嘲笑，没有冷落，这就是最好的教育。"这一条评论获得了两万多点赞量，由此可见，用户对于有爱的内容有非常高的认同感。

剧情演绎类的有爱短片也常能获得大众的认可，2019 年一家药厂推出的暖心广告收获了无数用户的眼泪，剧情以反转的形式为我们揭开"生活中的真相"，告诉人们，在这个世界上，总有人在偷偷爱着你。

不难看出，有爱的短视频能帮助我们树立正确的价值观，让我们以更积极乐观的心态面对工作。传播正能量永不过时。

5. 有才：才华横溢

俗话说："高手在民间。"短视频的出现让更多民间高手有了展示自己才华的舞台，许多才艺出众的人通过短视频收获了大批粉丝，甚至签约出道成为真正的艺人。

某歌手以街头直播的形式演唱歌曲，并制作发布了多条短视频。他的抖音账号截至 2020 年，获得了 2000 多万粉丝，共计 2.6 亿点赞量。现在，该歌手已经参加了多个电视综艺的节目录制，以及各类影视剧的拍摄，可以说是从短视频平台成功走向荧幕的优秀典范。

还有许多才华横溢的普通人，比如会画画的六岁小天才、跳舞很好的保安大叔、亲自上阵做饭的外卖小哥……短视频平台能够让大众看到每个人的可能性，这类视频激励人们挖掘自己的潜力，向着更好的自己前进。

4.1.2 四“性”原则：唯一、传播、时效、可持续

短视频内容的制作要遵循以下四个原则，如果我们能够同时满足两个以上，我们的短视频账号会有不错的发展前景。接下来，我们一起来看具体内容。

1. 内容创意：唯一性

创意，在任何行业或领域都是不可或缺的，想要在众多产品中出类拔萃，一定要彰显自己的个性，与众不同才是硬道理。

分析那些成功的短视频运营者，我们会发现，他们的短视频类型可能与他人相同，但总有别人没有的特点，正是这种“唯一性”使他们在市场竞争中脱颖而出。

例如我们非常熟悉的抖音某位搞笑类短视频运营者，与他相似的搞怪段子类短视频非常多，为什么他的一句口头禅“好嗨哦”成了经典的网络流行语呢？

他醇厚地道的贵州方言，加上一人分饰两角，创造了短视频新的表演形式。

有特色的内容是他人难以模仿的，富有创意的唯一性让运营者成为搞笑类短视频的一大标杆。这也提醒我们，要充分挖掘自身的特色，运用新奇的方式将更加多样的自己展示给用户。

2. 调动情绪：传播性

人类生来就有七情六欲，看到不同的事物就会有不一样的感受。短视频的内容可以是喜、怒、哀、乐各种情绪，只要能充分调动用户的情绪就是好作品。

我们经常能看到内容简单、时长不长的短视频却有数百万点赞量，评论数和转发数也相当多。这充分说明，短视频用户十分注重内心感受，一旦某个点戳中自己的内心，就会不遗余力地表达喜爱。

某抖音创作者曾发布了一条短短十几秒，记录大学校园生活的短视频，吸引了无数用户的关注，收获了近 300 万的点赞量。

视频中有一个喝着奶茶大笑的女孩，远处有一个男孩微笑着注视着她。搭配周杰伦歌曲的动人旋律，再加上一句富有哲理的台词："喜欢一个人的眼神是藏不住的。"

这条短视频让人们联想到大学时期懵懂纯真的感情，激发了用户心中对于美好情谊的向往。所以，用户会情不自禁地想要分享自己的感受，大大提高了该视频的传播范围。这是一个以情动人的优秀短视频典范。

3. 紧跟热点：时效性

热点事件是天然的流量，当所有人都将目光集中在某一话题上时，我们也可以紧跟潮流，将自己的短视频内容与事实热点相结合，这种"吸睛"的手法能给我们带来不少关注度。

抖音早期火遍全网的短视频，吸引无数网友争相模仿，"拍同款"成为那段时间的热门话题，许多自媒体运营者也借着这股"东风"圈了一波粉。

我们可以借鉴各大短视频平台的爆款短视频，加入自己的创意，制作出符合自己所在平台用户喜好的短视频。

例如 2018 年在哔哩哔哩平台非常火爆的某短视频，一经上线就获得了超高人气。视频中"改革春风吹满地，中国人民真争气"这一经典台词，在一夜之间成为"爆款"流行语。许多抖音运营者将这句节奏动感的歌词与自己的视频内容相结合，强势引领了一波网络潮流。

另外，新闻热点、网络"梗"、重要节日等，都是我们可以利用的热门话题，但要注意的是，切勿为了博关注而发布内容敏感、低俗的短视频。

4. 长远规划：可持续性

我们常常看到创作出"爆款"短视频的作者创作的其他短视频却反

响平平。这种情况通常说明这条“爆款”视频可能是用户在某一时刻的抓拍，或是记录了一个特定的事件……

这条短视频是概率较小的“偶然事件”。我们可以利用爆款视频帮助账号引流，打开市场；但是我们无法通过爆款视频留存用户。所以，在短视频的内容选择上，我们要挑选可持续发展的主题。

有一个方法是尽量往“爆款”视频的方向上靠，比如我们抓拍宠物的短视频收获了很高的播放量，那么，我们就可以以这只宠物为主角，拍摄更多的短视频。

之后的视频可能不会成为“爆款”，但足以维持已有的粉丝。

以上就是本节的所有内容，我们通过五“有”要素和四“性”原则为大家总结了短视频内容的选择方法，希望能为大家提供一点启发。

4.2 框架搭建：提重点，建逻辑，有互动

我们经常能看到这样的短视频：先抛出一个问题或观点，再展示具体内容。这说明，短视频创作者们已经意识到构建短视频内容框架的重要性。在注意力稀缺的当下，用户的注意力被切割成碎片，想要获取用户注意力，我们必须把重点提前，吸引用户的注意力，从而提高用户留存率。

接下来，我们就一起来看看如何搭建一个有亮点的短视频内容框架。

4.2.1 开头设计：重点提前，吸引注意力

首先，个人 IP 类短视频，一定要将自己的信息（名称、Slogan 等）放在每个视频的最开头，形成一种固定模式，加深我们在用户心中的印象。通过不断重复介绍自己，成功打造一个富有特色的个人 IP。

在正式进入短视频主题之前，要将重点部分提前。一般情况下，一条15秒的短视频要在前3秒设置亮点，否则用户很可能会放弃这条，转而寻找更感兴趣的短视频。而时长达到3分钟以上的短视频，要在视频的前10秒抛出有趣的观点，以吸引用户的注意力。

一般可以用文字或配音的方式在短视频开头抛出重点，例如：

一部手机上，到底藏了多少万个细菌？

你们知道哈士奇眼中的世界是什么样的吗？

论谈恋爱时，一个合格男友，该有的自觉。

这样的话可以在几秒内勾起用户的好奇心，使其有耐心观看视频后面的内容。我们在抛重点时，要抓住用户心中的“痛点”，提出能够激起用户探索欲，或者能够引发用户共鸣的话题。

4.2.2　逻辑结构清晰，主次分明

时长较短的短视频所包含的信息较少，可能无需特意搭建逻辑结构，只需要将内容按照顺序呈现出来就好。对于内容比较丰富的短视频来说，比如干货分享类、好物推荐类、专业讲解类、剧情短片类、街头采访类等，这些视频需要我们把内容逻辑化、步骤化。

一条视频的逻辑结构不严谨，会让用户难以抓住重点，进而失去兴趣。

4.2.3　结尾互动：引发共鸣

当我们的短视频有了很有亮点的开头和顺畅的逻辑结构后，还需要一个强有力的收尾。结尾的设计要能为我们的短视频锦上添花，大家可以参考以下两个方式：

1. 引导表达：激发分享欲

一条好的短视频不仅在于内容本身精彩，更重要的是，能引起用户的思考和共鸣，能激发他们表达自己观点的欲望。

因此，我们可以在短视频的结尾适当地加一些引导用户分享感受的话语，例如：

短视频内容为“工作中，那些令人崩溃的事情”。

那么，可以在视频结尾处抛出这样的问题——你在生活中遇到过类似的情况吗？工作中还有哪些让人崩溃的瞬间？你的公司有奇葩的老板或同事吗？

在忙碌的工作中，我们或多或少都遇到过让自己印象深刻的事情，所以这些问题能戳中大部分人的内心，激发他们的倾诉欲。在视频结尾加上这些问题，能促使用户自觉地发表评论或转发视频，有效提高短视频的传播力度。

2. 引导关注：富有创造力

许多运营者会在短视频结尾处加提醒关注的画面，例如抖音运营者会在视频的最后加上一两秒钟的提醒动画，引导用户成为自己的粉丝。

在 B 站这种综合类视频网站，有运营者会在视频结尾添加几秒钟富有创意的提示画面，以俏皮可爱、让人容易接受的方式，请求用户“三连”(点赞、收藏、投币)。

在提醒用户关注时，一定要注意，切勿以强硬的语气强迫用户关注，否则，会得不偿失。

4.3 策划技巧：艺术来源于生活

本节我将为大家介绍原创类短视频的策划技巧。虽然策划技巧随着运营者们的不断创新“更新迭代”了很多次，但总有一些屡试不爽的经典技巧。

4.3.1　通用公式：“六脉神剑”

短视频的策划技巧非常之多，我为大家列举了六大万能策划公式（见表 4-1）。

表 4-1　六大万能策划公式

短视频类型	策划公式
1. 搞笑段子	熟悉的场景 + 意外转折 / 熟悉的场景 VS 对比场景
2. 剧情演绎	制造冲突（反差）+ 提出问题 + 给出答案
3. 搞怪日常	结果前置 + 证明结果 + 独特见解或反转
4. 心灵治愈	故事情景 + 金句亮点 + 态度总结
5. 教程教学	提出问题 + 解决方案 + 展示总结
6. 好物推荐	赞美产品 + 适用场景 + 亮点 + 总结

可以说，除了我们在偶然间抓拍到的短视频，其内容都离不开上表列出的策划公式。当然，这些公式不能靠死记硬背，更不能生搬硬套，很多时候，我们需要创造性地运用这些套路。

4.3.2　经典套路：自古套路得人心

在这里，我为大家总结了四条短视频策划的经典套路，希望对大家有所帮助。

1. 情景再现

情景再现就是用图文或视频的形式呈现生活中的点点滴滴，情景再现是一个非常容易引起大众共鸣的方式。有时候，根本不需要太多的制作技巧，仅是简单地演绎生活中的事件就能引发大众的认同，从而获得很高的点赞量。

大家熟知的某抖音达人，他的短视频几乎都是将生活中有代表性的事件，用夸张搞笑的方式表演出来。

他在某一期短视频中，以“对于插队的朋友你会劝阻吗？”为主题，情景再现了日常生活中那些让人讨厌的插队现象，引起了大众的共鸣，并在评论区引发了热烈的探讨。

这种情景再现生活中典型事件的短视频，很容易就能让用户感同身受。并且，这类视频的创意来源于生活，不必担心灵感枯竭，因此，情景再现是短视频内容策划的首选。

2. 事物对比

很多人喜欢比较，喜欢把相似的两件事物放在一起做对比，并且乐于看到两者之间的不同，这一现象在爆款短视频中也很常见。

某抖音搞笑短视频达人，曾推出一期以"独生子女 VS 非独生子女"为主题的短视频，获得了近 200 万点赞量。视频比较了独生子女和非独生子女，在日常生活中的不同遭遇和状况，视频内容以搞笑的对比方式获得了用户的喜欢。

这类短视频套路屡见不鲜，比如我们常见的话题："别人的男朋友 VS 我的男朋友""结婚前的情侣 VS 结婚后的夫妻"……这些都是通过对比类似事物的方式，放大两者之间的不同，从而引出探讨的话题。

3. 表现形式创新

短视频的主要元素是内容，次要元素是表现形式。当内容无法创新时，可以考虑在表现形式上进行创新。表现形式的创新会让视频给人耳目一新的感觉。

4. 图文讲述

图文类的短视频是指以图片（动图）和文字作为素材生成的短视频。我们可以以录屏或剪辑的方式合成一个短视频。

首先需要注意的是，第一张图的内容要能够引起用户的兴趣，这直接影响了视频的播放量。其次，文字的数量不能太多，要做到短小精悍、言简意赅。最后，图片的数量也要控制得当，尽量保持在 5 张左右，最多不超过 9 张，数量太多会造成审美疲劳。

有时候，一张简单的图片可能存在非常吸引人的亮点，那么，我们就可以直接放大图片中的某个细节，同时搭配合适的音乐和特效，就能达到“一鸣惊人”的效果。

抖音上有一条点赞量破百万的短视频，整个视频只有一张图片，作者仅放大了照片中的某个细节，然后搭配了 Siri 的语音旁白：“我以为我的头发上是一朵小花，哦！原来是我的耳朵！”

就是这样一条没有任何制作技巧的短视频，却吸引了很多人观看，这说明，短视频用户十分注重内容的趣味性，就算展现形式比较简单，依然能获得关注。

还有一种类似的方法是聊天记录截图，有趣的聊天记录会激发用户的共鸣，吸引用户观看。有一些短视频运营者专门收集各类有看点的聊天记录，用视频的形式呈现出来。如果需要自行设计有趣的聊天记录，要注重内容的自然流畅，对话切勿太过生硬，否则就会被用户看穿，进而“粉转黑”。

以上为大家列举了短视频策划的四种经典套路，许多在抖音点赞破百万的优质短视频也使用了这些方法。

4.4　存在问题：违反法律，内容同质

短视频行业的飞速发展，让“流量”这个词在每个人的心中根深蒂固。一小部分运营者为了争夺更多的流量，会传播一些低俗不堪的内容；还有部分运营者为了提高视频曝光度，强行跟风热点，导致视频质量低下……

这些都是目前短视频市场存在的问题，我们需要正视它们、修正它们，使短视频行业向着良好的态势继续稳步发展。以下是我总结的四个方面，希望大家能够规避这些问题。

4.4.1 违法内容：法律底线不容触碰

短视频平台鼓励用户分享生活，但网络并非法外之地，公民在公共网络空间的一切行为都不能逾越法律的底线。极少数人为了争夺流量，毫无下限地制造一些不实传闻，故意拟出耸人听闻的标题，有的短视频内容甚至低俗不堪……

这些内容都给广大网民尤其是青少年造成了严重的不良影响，有的人员甚至散播虚假信息，扰乱社会公共秩序。接下来，我为大家列举几个案例，我们需要以此为戒。

1. 不得辱国辱警

热爱祖国、尊重国家公职人员，是作为一个公民所应具备的基本素养。一旦碰触这一底线，将会受到法律的制裁。

生活中的案例提醒运营者：作为互联网的内容传播者，要提高自身素养，传播正能量的内容。

2. 违反法律法规

我们要坚决抵制违反国家法律法规的事件，更不能纵容这类事件在网络上肆意传播。作为短视频运营者，千万不能抱有侥幸心理，一旦大众发现视频内容中存在违法行为，短视频发布者都会受到法律的制裁。

2018 年 10 月 13 日，某视频平台用户上传了一条“炖鱼”的短视频，眼尖的网友一眼看出端倪并对其进行举报。

经青海网警与当地渔政管理部门调查，短视频中的鱼类为青海省重点保护野生动物湟鱼。根据《中华人民共和国野生动物保护法》相关规定，对发布者处以罚款的行政处罚。

3. 不用暴恐视频

国家的安定，才能保证社会的和谐，切勿恶意传播暴恐信息扰乱社会安定。

2018 年 1 月 11 日，某短视频平台用户发布暴恐视频。2 月 6 日，昌都市卡诺区公安分局网安大队根据《中华人民共和国反恐怖主义法》和《公安机关办理行政案件规定》，依法对发布者处以行政拘留 10 日的治安处罚。

这一案例提醒我们：短视频运营者要对自己的言行负责，自觉维护社会公共秩序的和谐。

4. 决不传播毒品

珍爱生命，远离毒品，吸毒人员无法逃脱法律的制裁。

2018 年 6 月，某短视频平台用户发布了一条有吸食毒品嫌疑的视频，引来大量网友围观。民警经过调查，迅速将嫌疑人抓获，对徐某进行现场尿样检测，结果呈甲基苯丙胺阳性，随即对其进行了严厉的行政处罚。

这一案例提醒我们：切勿触碰法律的底线，为了社会和家庭的和谐必须远离毒品。

类似的短视频违法事件仍然时有发生，但近几年在国家政策的严格管控和各大平台的自我规范下，整个短视频市场环境逐渐呈现良好的发展态势。短视频平台通过升级人工智能识别系统，对违法内容加强核查，有力打击了违法犯罪分子，维护了短视频市场的和谐安定。

4.4.2　泛娱乐化严重：缺乏内涵

在“流量至上”的时代，一些短视频运营者为了提高短视频的曝光率，强行跟风各类热点话题，标题与实际内容严重不相符，质量几乎为“0”，主要有以下几个方面的问题。

1. 内容千篇一律

虽然在前文中提到过，要善于关注热点“拍同款”，但这并不意味着要盲目跟风模仿爆款。某一音乐或者拍摄模式迅速蹿红后，就会引发模仿狂潮，这就使很长一段时间内，大量雷同的内容充斥于平台，同质化的内容很难脱颖而出，更奢谈成为爆款视频。关注热点“拍同款”只是一种运营方式，而不是创作优质内容的保障。

2. 形式大于内容

有时候，部分创作者会过分夸大短视频形式的作用，忽略内容的重要性。他们热衷于呈现绚烂的特效，试图将视听效果发挥到极致，但这种做法通常会导致短视频缺乏内涵与价值。

这种形式的短视频可能会让人眼前一亮，但久而久之，这类短视频使用户失去新鲜感后，很难再得到用户的青睐。所以，在“内容为王”的时代，我们要更加注重短视频的内在“灵魂”。

3. 带来社会负面效应

目前，短视频市场泛娱乐化较为严重，部分用户容易沉溺于感官刺激中，这导致少量短视频创作者为了迎合大众的享乐需求，不惜以暴露身体、发表粗鄙的言语等方式来取悦粉丝。

为了整个短视频市场的良好发展，我在这里呼吁大家：作为短视频运营者，我们需要自我约束和规范，不断产出优质的视频内容；作为短视频的用户，在看到违法违规及低俗的短视频时，要在第一时间向平台举报，为打造为良好的内容平台添砖加瓦，奉献一己之力。

第 5 章　拍摄剪辑：四大摄制技巧，拍出爆款视频

正所谓“巧妇难为无米之炊”，要想玩转短视频运营，制作出抓人眼球、直指人心的优质短视频至关重要。而要做到这一点，就要求短视频运营者在选择设备、撰写脚本、学习拍摄和剪辑技巧几方面用心钻研。

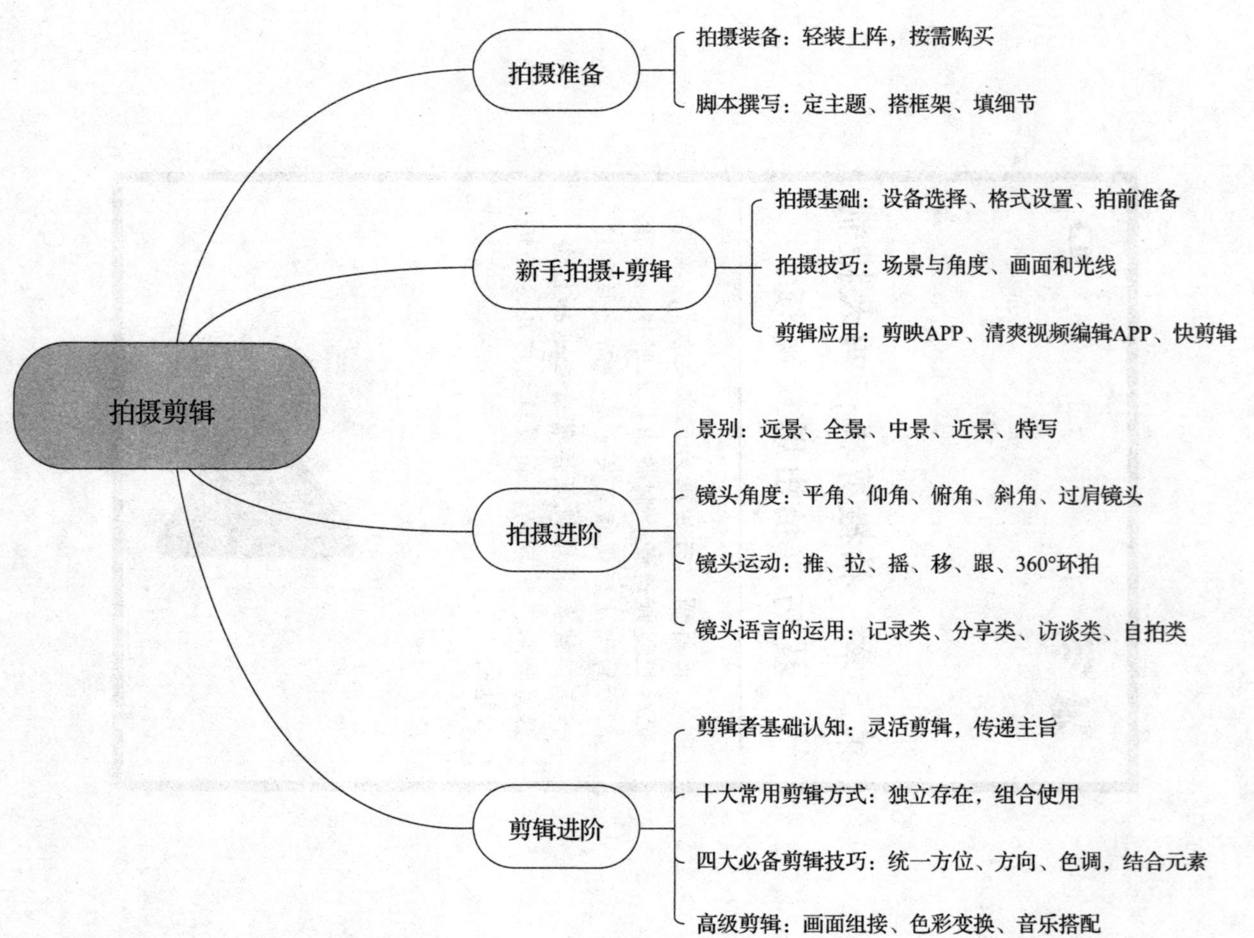
拍摄剪辑
拍摄准备
拍摄装备：轻装上阵，按需购买
脚本撰写：定主题、搭框架、填细节
新手拍摄+剪辑
拍摄基础：设备选择、格式设置、拍前准备
拍摄技巧：场景与角度、画面和光线
剪辑应用：剪映APP、清爽视频编辑APP、快剪辑
拍摄进阶
景别：远景、全景、中景、近景、特写
镜头角度：平角、仰角、俯角、斜角、过肩镜头
镜头运动：推、拉、摇、移、跟、360°环拍
镜头语言的运用：记录类、分享类、访谈类、自拍类
剪辑进阶
剪辑者基础认知：灵活剪辑，传递主旨
十大常用剪辑方式：独立存在，组合使用
四大必备剪辑技巧：统一方位、方向、色调，结合元素
高级剪辑：画面组接、色彩变换、音乐搭配

5.1　拍摄准备：磨刀不误砍柴工

在学习拍摄和剪辑技巧之前，我们首先要了解：拍摄必需的设备有哪些？拍摄前如何撰写脚本？

在这些硬件设施和内容策划的支持下，我们只要一步一个脚印，长期坚持，就能拍出令人满意的短视频作品。首先，为大家介绍需要购入的拍摄装备。

5.1.1　拍摄装备：轻装上阵，按需购买

想要拍好短视频，拍摄装备必不可少，但要注意的是，对于短视频制作团队（尤其是新手）而言，切勿贸然购入大量专业设备，毕竟摄影器材和装备涉及类别较广且价值不菲。

因此，我为大家列举了几个短视频制作必备品，大家可根据预算适量购买。

1. 拍摄设备：智能手机、相机

一般的智能手机基本能满足我们的日常拍摄需要，虽然画质与相机相比略粗糙，但是性价比高、操作简单、携带方便。而且大多数短视频都是通过手机观看，对画质的要求并不是特别高，因此，普通的短视频拍摄利用手机就能够完成。

对于具备一定摄影技巧的人来说，想要拍出更加精致的画面，建议购入一款合适的单反相机，单反相机品牌众多，可挑选范围大，口碑较好的几大品牌有：索尼、佳能、尼康等。

2. 稳定装备：三脚架、手持稳定器

三脚架用于固定机位，在拍摄时可以将手机或相机固定在三脚架

上，以保证画面稳定不抖动。在独自录制自拍类视频时，三脚架是必不可缺的。

手持稳定器用于移动机位。我们在拍摄过程中，很可能会遇到需要移动拍摄的情况，如果仅靠手持设备移动，往往会导致设备晃动，拍摄画面模糊不清，给后期制作带来麻烦。这时候，我们就需要一个手持稳定器，来保证移动画面的稳定和清晰。

3. 打光道具：摄影灯

摄影灯与我们熟知的闪光灯作用一样，都是为了给被摄物补充光线，提高拍摄画面的亮度和清晰度。在拍摄影视剧、新闻采访和杂志时，摄影灯是必需的辅助设备，它对于短视频拍摄同样重要。

许多短视频制作新手会忽略摄影灯的重要性，往往在剪辑时才发现问题，例如画面太暗，人像太黑等。另外，要注意选择质量较好的摄影灯，保证光线柔和不刺眼，否则，长期使用会对我们的眼睛造成伤害。

4. 收声设备：麦克风

麦克风是短视频制作者会忽略的设备，如果我们直接通过手机或相机来收声，可能会由于距离远近不同造成声音忽大忽小。如果在户外拍摄，还会出现噪音太大、杂音太多的情况，这时候就非常需要一个麦克风来保证拍摄的声音清晰可闻。

短视频拍摄一般可以选择指向性麦克风或无线领夹麦克风，价格从几十到千元不等，短视频运营者要以音质为前提，选择性价比高的产品。

以上列举了四类拍摄装备，对于新手而言，选择手机与三脚架的组合，就能满足基本的拍摄需要了。如果具备一定的摄影基础，并且想要拍出精良的画面，建议大家购入以上四类产品进行拍摄，能让画面达到不错的观看效果。

5.1.2　脚本撰写：麻雀虽小，五脏俱全

硬件到位，软件也不能落下，短视频脚本的撰写至关重要。脚本是指表演戏剧、拍摄电影等所依据的底本或是书稿的底本。短视频的脚本通常是指拍摄短视频所依靠的大纲底本。

我们在拍摄有剧情内容的短视频时，需要提前拟好分镜头，这能为我们后面的拍摄工作提供保障，有助于提高效率、节约成本。

一个完整的短视频脚本需要满足以下三点，让它拥有有趣的灵魂、健壮的骨骼和鲜活的血肉。

1. 定主题：选择“灵魂”

拍摄视频前我们要明确受众人群，根据受众的喜好决定脚本的主题和风格，这是一个短视频的重要“灵魂”。

2. 搭框架：构建“骨骼”

确定了视频主题后，我们要搭建脚本框架。这个框架相当于视频的“骨骼”，一般的视频内容包含：人物、场景、事件。

短视频的脚本与传统影视剧脚本有所不同，需要在短时间内高效展现内容。因此，我们要做到利用最简洁明了的文字来达到突出亮点、引发矛盾、结尾反转的效果。

3. 填细节：充实“血肉”

视频脚本在有了大的框架之后，已经基本成形，但我们要想让短视频内容更加饱满，还需要往“骨骼”里填充“血肉”。俗话说“细节决定成败”，同一个故事梗概加入不同的细节描写，就会有完全不同的表现效果。

例如，我们在看影视剧时，能够真正打动我们的通常是某一个点，也许是人物的一句话、一个动作，触及我们的内心，引发共鸣。短视频也是同样的道理，即使时长短，也要做到“麻雀虽小，五脏俱全”。因此，细

节的设计是短视频脚本至关重要的一部分。

而这里提到的细节，被称为脚本中的分镜头。撰写分镜头时，要注意将枯燥的文字转化成生动的画面，通过镜头直接表现出来。

另外，分镜头通常包括内容、景别、机位、摄影技巧、音效等，这些具体的拍摄手法和技巧，我们将在下一节为大家详细介绍。

5.2 新手拍摄＋剪辑：一部手机搞定所有

许多短视频创作者并不是专业的摄制人员，对于前期拍摄和后期剪辑认知不多，但这并不代表他们无法制作出精美的短视频。

现代科技的发展，让智能手机拥有了非常强大的摄影功能，许多操作简便的剪辑软件也应运而生，这些剪辑软件足以帮助我们完成短视频的拍摄与剪辑。接下来，我将为大家介绍适合新人使用的拍摄方法和剪辑技巧。

5.2.1 拍摄基础：一部手机，三步到位

对于短视频制作新手而言，一部高清智能手机足以满足我们的拍摄需求。不过，在拍摄之前，我们要对一些数据参数进行调整，保证拍摄效果达到最佳。

1. 设备选择：高清智能手机

例如华为手机、小米手机、OPPO 手机、苹果手机等，它们的拍照、摄影功能都十分强大，并且有些手机自带了防抖、防水功能，且画面清晰度高，非常适合短视频的拍摄。

2. 格式设置：1080P 分辨率

相机里的设置功能可以调节分辨率、清晰度、曝光度等。分辨率大

多为：720P/1080P/4K，清晰度从低到高以此类推，其中最适合拍摄短视频的是 1080P。大多数短视频平台尤其是手机端，暂时无法支持 4K 的超高清分辨率，如果选择 4K 分辨率拍摄，反而会压缩视频导致画面不够清晰。

3. 拍前准备：三步到位

Step1：用干净的软纸巾擦拭镜头

专业的拍摄设备都会有镜头盖保护镜头，避免损坏的同时也能够保持清洁。我们的手机也是同样的道理，即使没有专门的护具，也需要在拍摄前认真擦拭镜头，保证拍摄画面的清晰度。

Step2：将手机亮度调至最亮

一般来说，普通光线无法完全满足我们的拍摄需求，在光线条件不好且没有打光灯的情况下，我们可以利用其他手机的手电筒进行打光，但要注意距离和角度的选择，以免适得其反。

另外，我们经常会把手机设为省电或者护眼模式，这样可能会导致拍出来的画面在电脑端或他人手机上，出现曝光过量或过暗的效果。因此，我们在拍摄时需要把手机亮度调整至最亮，尽量缩小画面色彩误差。

Step3：锁定焦点、锁定曝光

为了避免拍摄过程中视频画面出现忽明忽暗的现象，我们需要设置手机相机里的“焦点”与“曝光”，将它们全部锁定，这样就能保证拍摄画面维持在同一个明暗程度。

完成了以上三步，就可以正式开始拍摄短视频了。

5.2.2　拍摄技巧：成为手机拍摄大师

在设定好基本的拍摄参数后，我们需要熟练应用以下 5 个拍摄技巧，让我们的画面内容看起来更专业、更清晰、更有美感。

1. 横屏拍摄：更显正式与专业

横屏拍摄有利于展示更多的画面内容，显得更加正式，尤其是拍摄分享类、讲解类、纪录类短视频，建议采用横屏拍摄。

2. 网格构图：“三分构图法”

构图对于拍摄来说至关重要，专业的摄影师会按照“黄金分割线”的比例设置主体物的位置，但对于普通拍摄者而言，根据“三分构图法”就能拍出引人入胜的画面，而且利用手机就能完成。

一般智能手机都自带“网格功能”，将主体物置于交叉点上（如图 5-1 所示），通常会有不错的拍摄效果。

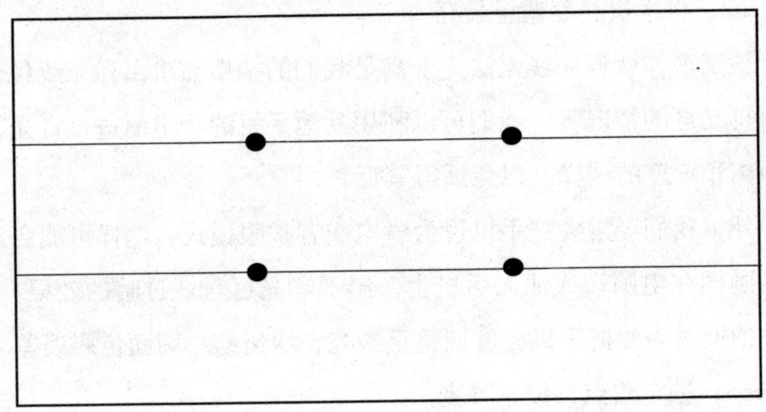

图 5-1　三分构图法

3. 巧用光线：天然的滤镜

（1）逆光拍摄

逆光拍摄是指将主体物背对光线，注意控制好曝光量的一种拍摄方式。通过这样的方式能够突出主体物的细节纹理，为主体物镶上一道“金边”，整个画面呈现暖色调。

逆光拍摄时如果拿捏不准曝光量，会使主体物变暗甚至全黑。这时，我们可以干脆只留下主体物的轮廓，呈现不一样的画面形式——剪影。

（2）拍摄反光面

这是我们经常会在抖音上看到的一种拍摄方式，可以借助水面或镜子，拍摄反转的世界，收获意想不到的惊喜。

（3）拍摄影子

影子能够呈现出大小长短不同的形状，将影子与其他物件搭配起来，有别样的画面效果，充满了艺术感。

4. 场景与角度：构建场景，角度灵活

根据拍摄内容选择合适的场地，利用手机推拉镜头达到类似专业设备的拍摄效果，具体拍摄方式会在下一节《镜头语言的运用》中详细讲解。

另外，可以在场景内搭配符合主题的道具，例如拍摄萌宠视频时，加入一个可爱的猫爬架，既增加了宠物的活动空间，又丰富了视频内容，也许会有意外的有趣画面。

5. 画面稳定："手机 + 稳定器"的神仙组合

智能手机轻巧便捷，但是在变换位置和角度时可能会不稳定，出现抖动的情况。这里为大家推荐一个易学的小技巧：手肘夹住身体两侧，在拍摄时移动整个身体，而不仅是移动手机，这样就会拍出比较稳定的画面。

另外，为了维持画面的稳定性，我们通常可以借助手持稳定器来拍摄。"手机 + 稳定器"的组合也能拍出"大片"般的效果，例如：

（1）跟随拍摄

跟拍镜头是跟随主体物的移动，从背面或正面进行拍摄的一种拍摄方式。这种方式是手持稳定器最基本的操作，却能产生极具冲击力的视觉感受。在移动的过程中，周围环境不停地发生变化，主体物却一直处于镜头中保持稳定，这是一种非常流畅的画面效果。

（2）升降拍摄

升降镜头是人工模仿摇臂的一种拍摄方式，手持稳定器垂直上升下降拍摄，可以配合跟拍完成，提升画面的层次感。

(3) 环绕拍摄

拍摄环绕画面时，我们需要保证被摄物始终处于画面中间，让环绕距离保持不变，这样对焦会比较轻松。另外，环绕镜头是跟拍镜头的升级版，在移动跟拍过程中加上环绕镜头会让视觉冲击感更强，让视频画面提高一个档次。

以上三种“手机＋手持稳定器”的组合拍摄方式，能够很好地模仿专业设备的拍摄画面，既能保持稳定移动，捕捉细节；又能拍出宏大的环境，非常适合剧情类和外拍类短视频。

智能手机功能非常强大，虽然与专业拍摄设备相比还有欠缺，但已经完全能够满足我们的日常拍摄需求，尤其对于新手而言，是不错的拍摄工具。

5.2.3 剪辑应用：不懂专业技巧，也能诞生佳作

对于短视频新手而言，无需掌握太多专业的剪辑技巧，许多手机 APP 提供了丰富强大的后期编辑功能，这对我们的短视频制作很有帮助。接下来，我将为大家推荐三款后期制作应用，足以支撑我们完成日常短视频的创作。

1. 剪映 APP：轻而易剪

剪映是抖音官方推出的一款手机视频编辑应用，主要包含剪辑、音频、文字、贴纸、特效、画中画等功能，号称“抖音官方剪辑神器”。其支持抖音曲库，提供了不同风格的音效和配乐，完全可以满足日常短视频的剪辑。

不过，剪映的分享路径单一，只支持上传抖音平台，但总体来说，剪映是一款非常强大的视频编辑 APP。

2. 清爽视频编辑 APP：功能完善

清爽视频编辑 APP 是一款口碑不错的手机视频剪辑应用，具备完善的视频剪辑编辑功能，操作简单，并设有专门的视频教程可供学习，非常适合新手使用。

清爽视频编辑 APP 的一大特色是可以将所有的重点功能，例如视频变音、视频贴纸、动态字幕、滤镜美化等单拎出来直接使用，无需将视频完整导入再导出，节省了大量时间。

3. 快剪辑：唯快不破

快剪辑是由 360 推出的一款可以在线边看边剪的免费电脑端视频剪辑软件，功能齐全、操作简单。它的出现大大降低了视频制作的门槛，即使零基础也能迅速入门成为视频制作高手。

快剪辑的优势在于“快”，相比传统专业剪辑软件，快剪辑的操作界面一目了然，例如声音特效、添加字幕、打马赛克、设置标记等都能一键完成，还有许多精良的片头成品能够免费使用，整体来说上手非常快。

而且，它能与 360 浏览器联动，如果用户需要在线视频资源，可以直接将链接复制粘贴至快剪辑，通过 360 浏览器的录屏实现边看边剪，大大降低了素材导入的时间成本。快剪辑的分享功能也十分强大，支持多平台一键发布，对短视频运营者来说非常方便。

本节内容为大家介绍了新手拍摄、编辑短视频的方法与技巧，熟练掌握以上内容，足以帮助我们制作出效果不错的短视频作品。

5.3　拍摄进阶：专业设备下的“镜头语言”和运用

镜头语言就是用镜头像语言一样去表达我们的意思，我们通常可以通过摄影机拍摄的主题及画面的变化，感受拍摄者透过镜头所要表达的内容。

换言之，拍摄视频就像写文章，镜头语言相当于文章中的语法。虽然镜头语言与我们日常的讲话方式不同，但目的一样。镜头语言没有特定的规律可循，只要能让人看懂你所要表达的意思，不管用哪种拍摄手法，都可以称之为“镜头语言”。

短视频的拍摄有其自由性和创造性。不过，仍然有许多常用的拍摄技巧可供我们学习。接下来，我们将为大家具体讲解。

5.3.1 镜头语言：景别——增强艺术的感染力

景别是指摄影机与被摄体的距离不同，造成的被摄体在画面中所呈现出的范围大小的区别。

通过利用复杂多变的场面调度和镜头调度，交替使用不同景别，可以使短片剧情的叙述、人物思想感情的表达、人物关系的处理更加具有表现力，从而增强短片的艺术感染力。

1. 远景：视野宽阔，以景抒情

远景是远距离拍摄人物和景物的一种画面。这种画面可以让人看到更广阔深远的景象，以展示人物活动的空间背景或环境氛围。例如硝烟弥漫的战场、气势恢宏的山河等，多用广角或标准镜头拍摄。

从表现功能上，远景又可分为大远景和远景。

大远景一般用来呈现气势恢宏的场面，比如从高空俯瞰城市、仰望无边的星空，等等。在大远景中，画面空间容量较大，环境景物是画面主题，人物仅是其中的点缀。总体来说，这类画面多以景为主，以景抒情表意。大远景多采用静止画面，或缓慢摇摄完成。即使画面主体有剧烈运动，也不会影响整体画面。

而远景强调环境与人物之间的关联性和共存性。被摄对象在画面中与大远景相比有所增大，虽然整个画面还是以远处背景为主，但可以根据表达目的来确定画面中的主体物大小。

总的来说，远景在影视剧中运用较多，日常的短视频拍摄无需如此宏伟的景象。但是一些专业性较强的短视频创作团队，例如一条、二更，他们在拍摄外景时，也会运用到远景。

2. 全景：看清全貌，突出人物关系

全景是指拍摄人物全身的拍摄方式。这种方式能看到人物的全貌，捕捉人物全身的一举一动，并且能利用背景营造氛围。这种全景常用于表现人物之间、人物与环境之间的关系，不过在面部表情细节上稍有欠缺，多用短焦距镜头拍摄。

全景与远景相似，但与远景相比视距更小，主体会完整地呈现在画面中，能够更清晰直观地展现主体物之间的关联。全景多用于有剧情设计的短视频中。

3. 中景：表现力强，剧情叙事

中景俗称“七分像”，指摄取人物膝盖以上部分的镜头，能为主体物提供一定的活动空间。这样既能看清人物的面部表情和细节，还能展现人物的形体动作，因此，在表演类场面中经常用到，多用标准等中焦段镜头拍摄。

一般在中景中，如果人物开始活动，此时中景可能会变成近景或全景。所以，中景镜头又被称作“看戏的镜头”或“交流的镜头”。

中景镜头可以将环境、氛围和人物很好地联合在一起，通常用于叙事剧情，所以在拍摄剧情类短视频时可运用中景。

4. 近景：看清神态，传递情绪

近景是指摄取人物胸部以上或景物局部画面的拍摄方式。近景的视距近，能看清主体物的细节变化，通常用来表现人物的面部神态和情绪，传达人物的内心世界。

运用近景拍摄人物，可以清晰地看到人物的面部特征、神态表情、喜怒哀乐，尤其是眼神的波动。通过这样的方式可以增加画面中人物与用户的亲切感，达到拉近心理距离的效果。

因此，近景拍摄经常用于以内容传播为主的短视频。

5. 特写：专注细节，洞察心理

特写是指摄取主体物的某一局部，是视距最近的一种景别，能够充分呈现主体物的细节特征。通常在拍摄人物时，利用特写展示人物的神情变化，反映其心理状态。

特写镜头通常和其他景别镜头结合运用，通过镜头远近、光线强弱来营造一种特殊的蒙太奇效果。

5.3.2 镜头语言：镜头角度——“强强”联合

不同的镜头角度，能拍摄出不同的画面感觉，每一种角度都能传递不同的“强”。在一个短视频中，我们可能运用多种镜头角度组合拍摄，能呈现出画面绚烂的优质“大片”效果。以下是短视频拍摄常用的几种镜头角度：

1. 平视：客观性强

平视镜头是最基础的镜头角度，持拍摄设备水平拍摄即可拍出平视镜头，为了确保镜头的稳定性，建议使用稳定器协助拍摄。

平视镜头中的主体物摆脱了环境的干扰，处在与用户同等的心理位置上，保持了主体物的客观性，给人真实自然的感觉，戏剧性弱，多用于过渡情节和纪录片。常常用来表现谈判的双方，团队之间的讨论，正在交谈的朋友等。

2. 仰角：紧张感强

仰角镜头是持拍摄设备从低角度仰视拍摄主体物，可以让主体物在画面中显得更加高大，用以体现主体物占据主导地位。例如电影《金刚》

《侏罗纪公园》等，通常用仰角镜头拍摄猩猩和恐龙，给人一种压迫感。

3. 俯角：无助感强

俯角是与仰角相反的拍摄方式，持拍摄设备从高处往下拍摄，让主体物显得弱小。这种方式一般结合远景、全景来拍摄，呈现一种鸟瞰的状态。在许多影视剧中，逃兵逃出城门的画面，会运用此方式展现。

4. 斜角：情绪感强

斜角镜头是指故意倾斜镜头的拍摄方式，被好莱坞称为“德式斜角镜头（Dutch angle shot）”。斜角镜头通常用以营造一种不确定的紧张感，是一种带有明显情绪感的镜头。

我们熟知的电影《雷神》，其导演肯尼斯 · 布拉纳希望将电影打造出漫画般的效果，因此采用了近半数的斜角镜头。例如，在展现洛基的画面中使用斜角镜头，凸显其扭曲的恶棍形象。

5. 过肩镜头：冲突感强

过肩镜头相当于近景或是特写，通常主体物会在画面中正对对方，一般在具有冲突感的对话中运用，以体现矛盾点。

5.3.3　镜头语言：镜头运动——熟知调度时机与目的

运动镜头是指在一个镜头中通过移动摄像机机位，或改变镜头光轴，或变化镜头焦距进行拍摄。运用这种拍摄方式所拍摄的画面，称为运动画面。

1. 推镜头：走进内心

推镜头是四大常用拍摄手法（推、拉、摇、移）之一，利用镜头的移动，来模拟人的视觉感官。镜头与画面逐渐靠近，画面中的景物逐渐放大，画面外框逐渐缩小，使用户的视线从整体转移到某一局部画面。

推镜头主要用来展现主体物匀速运动的状态，是一种主观镜头，能够渲染情绪，烘托氛围，让用户感受到人物的内心世界。

2. 拉镜头：扩大视野

拉镜头是一种镜头慢慢远离主体物，向后拉远，逐渐扩大视野范围，看到局部与整体之间联系的拍摄手法。它可以表现主体物在环境中的位置，也可以用于衔接两个镜头。运用好推拉镜头，就可以拍摄出希区柯克变焦。

3. 摇镜头：展现情绪

摇镜头是指摄像机本身不动，以自身（三脚架）做支点，变动摄像机的光学镜头轴线进行拍摄。通常用于介绍环境、表现主体物的运动轨迹、表现人物的主观视线和内心活动等。

比如在唱跳歌手表演时，摄影师可以通过摇动镜头，展现其丰富的肢体动作，更能传递现场用户的热情与激动。

4. 移镜头：画面流动

移镜头是指摄像机在水平方向，按照一定的运动轨迹进行拍摄。移镜头能使画面中的背景不断变化，呈现出一种流动感，让人有置身其中的感觉。一般在国内外大片、体育节目和 MV 中经常能看到。

5. 跟镜头：突出主体

这是一种摄像机跟随主体物移动拍摄的摄影方法，运动轨迹可以是直线，也可以随主体物的变化进行有弧度地跟拍。跟镜头不仅能够突出主体，还能让人更多地感知画面中的场景。

但要注意的是，跟镜头是在运动中完成的，因此要尽量选择平坦的地面跟拍，保证拍摄画面能够达到最好的效果。

6. 360° 环拍：三维环绕

360° 环拍是难度较大的一种拍摄方式，用摄像机围绕主体物进行 360° 的环绕拍摄，使画面呈现出三维空间的效果，建议使用稳定器协助拍摄。

5.3.4　镜头语言的运用：方式多样，灵活运用

前文为大家介绍了三大主要“镜头语言”，那么，在种类繁多的短视频中，该如何运用这些不同的拍摄方式呢？以下列举了四种常见的短视频类型，以及合适的拍摄方式供大家参考。

1. 生活记录类短视频：前景 + 黄金比例

拍摄任何视频都要保证设备的平、稳，因此，我们建议大家利用专门的稳定器和三脚架协助拍摄，否则，拍出来的画面就会摇摇晃晃的，有失美感。

记录日常生活的 vlog 式短视频，画面通常比较简约有格调，因此，我们可以做适当的装饰，比如通过前景拍摄，营造一种别样的朦胧美。前景可以是一个杯子、一本书、一盆绿植等，短视频创作者可以根据自己的创意有不一样的设计，但要记得前景要虚化，不能让它喧宾夺主。

景深是主体物与背景之间能够呈现清晰画面的距离范围。比如我们在影视剧中经常可以看到人物很清晰，但背景很模糊的画面。这是因为在人物与背景之间设置了景深，从而达到突出主体的效果。

拍摄视频时我们可以按照“黄金分割线”来构图，将主体物置于拍摄画面的黄金分割点处能够使画面看起来更和谐，符合人们的审美意识。

2. 生活分享类短视频：中景 + 特写

这类视频通常展现人物上半身，常用中近景和特写进行拍摄，略去背景和周围环境的干扰，将视线聚焦在主体上。例如生活小技巧、美食吃播、美妆护肤和产品测评类短视频等。

这类需要展示“动手”动作的短视频，基本只需要简单的镜头语言，交代视频的主旨，利用近景或特写镜头突出某个重要部分。我们熟知的“办公室小野”，就是利用简洁明了的拍摄方式，给予了用户良好的体验感，受到了大量粉丝的追捧。

3. 访谈（街坊）类短视频：固定镜头 + 中近景

访谈类视频的镜头比较简单，很少会采用动态镜头，一般利用中景和近景进行切换，主要展现嘉宾的面部情绪和精神状态，有时可能会穿插一些空镜头以增添视频的趣味性。例如“一条”短视频中除了会利用远景记录画面，还会在人物采访中适时添加一些小景别的空镜，使整个短片看起来更充实。

另外，我们常见的街头采访，可以采用手持设备进行拍摄，营造街头的随意性，增加真实感。从景别上来说，街头采访大多运用中景来拍摄，这样既能看清被访人的神态，又能感受周围的环境。从拍摄方式上来说，运用固定机位即可，也可以设置多台设备同时拍摄，为后期剪辑提供更多的选择，能够更灵活地切换画面。

4. 自拍类短视频：中近景 + 平俯拍

自拍类短视频一般采用中近景的方式，只要能保证自身的展现空间足够即可，无需过多交代大环境。例如有的短视频，多利用平拍或者略微俯拍的方式。这类视频的拍摄手法单一，重点在于视频内容，但视频的整体节奏，也需要后期进行调整。

以上是短视频拍摄的技巧介绍，我们从景别、镜头角度、镜头运动上为大家做了详细讲解。在实际拍摄过程中，我们一般会同时运用很多个拍摄手法来呈现理想的画面效果。我们可以根据自己的需要，发挥创意，创造我们自己的“镜头语言”。

5.4 剪辑进阶：有生命力的“音画表达”

具备一定剪辑基础的人，可能对自己的短视频作品会有更高的要求。那么，我们就一起来学习一下更专业的剪辑技巧，从剪辑者必备的素养出发，共同探讨短视频剪辑中的常用方法和高级应用。

5.4.1　剪辑者基础认知：灵活剪辑，传递主旨

专业剪辑人员需要具备剪辑新手没有的认知能力和创造能力，要能够明确短视频的剪辑方式和目的，有的放矢地达到良好的传播效果。

1. 短视频剪辑的必备能力：音画结合，创造生命力

剪辑者要善于发现素材中的亮点，要有巧妙连接画面的剪辑能力；能够在看到画面的第一时间，确定符合其主旨的音乐风格，让音乐的旋律促进视频情节的发展；要让零散的静止画面完美融合成流畅的片段，使短视频内容富有创造力和生命力。

2. 短视频剪辑的正确方法：不固定，不唯一，要灵活

短视频剪辑方法没有硬性的规定，剪辑技巧也不是固定唯一的。视频内容不同、叙事情节不同、表达主旨不同等，都需要不一样的剪辑手法。当然，这也并不是说我们无需掌握任何剪辑技巧，相反，我们更应熟知不同剪辑手法的特征与优势，在适当的时候巧妙结合。

后期剪辑是一个过程相对枯燥且重复性大的工作，但也同样富有挑战性。在运用原有方法的基础之上，打破陈规，尝试新的创作，可能会有更加有创造力的短视频佳作诞生。

3. 短视频剪辑的目的：利用剪辑技巧，传播视频主旨

短视频剪辑需要自由搭配画面素材和音乐旋律，灵活掌控画面中的时间与空间，把每一个零散的镜头构成一个完整的情节。

以叙述、走心、搞笑、反转等方式，让短视频用户能够在其中看到想要的内容。通过我们的镜头语言，把短视频的核心主旨传播出去。

5.4.2　十大常用剪辑方式：独立存在，组合使用

专业类短视频剪辑方式与影视剧剪辑类似，都需要用到以下十种方式。这些剪辑手法并不是单一存在的，更多的是组合在一起使用。

1. 平行剪辑：并列呈现

平行剪辑是将不同时空，或是同时间、不同空间发生的两条或多条情节线并列表现，既分头叙述又统一呈现在一个完整的结构中。

在很多影视剧中，平行剪辑常用于高潮片段，每条故事线虽然独立发展，但在观看时会在心中不自觉地产生疑问，思考反复交替出现的两条故事线之间有何联系，接下来的剧情将往何处发展。这种剪辑方式能够比较容易地将用户带入视频当中，增强内容的吸引力。

2. 交叉剪辑：时空转换

交叉剪辑是指把同一时间、不同空间发生的两条或多条情节线迅速地来回转换，以频繁的镜头回切来表达角色之间的联系。

这种剪辑手法通过镜头强有力的节奏感，为剧情内容增加张力，营造紧张的氛围，表现人物内心的复杂情绪。通常我们在惊悚片、悬疑片和战争片中能够看到追逐或揭秘的惊险场面，运用的正是交叉剪辑。

3. 叠化剪辑：简单惊艳

叠化剪辑是一种比较简单、易操作的剪辑方法，把两个素材的轨道叠加在一起，逐渐降低上面轨道的透明度，就能形成叠化的效果，是一种非常简单的转场方式。

但要注意的是，简单的技巧也有值得考究的学问。比如，除了转场，还有什么时候需要用到叠化？一般情况下，叠化用于表达时间的流逝，展现人物的心理活动或想象，过度平行时空的剧情事件……

在许多影视剧中，一些剪辑师已经彻底放弃了叠化剪辑手法，但是对于短视频创作者而言，叠化剪辑依然具有可操作性。在一些风景和人物的过渡中可以尝试使用，可能会有惊艳的效果。

4. 跳切剪辑：表达时间流逝

跳切剪辑属于一种无技巧的剪辑手法，它与普通剪辑手法不同，打破了常规状态镜头切换时需要遵循的时空和动作连续性的要求。对同一镜头进行剪切，能够突出某些必要内容，省略时空过程。

跳切剪辑通常用来表达时间的流逝，因此，经常在蒙太奇中被使用。同时，也能在重点剧情中加重画面的压迫感。这种剪辑手法最早是在法国新浪潮导演戈达尔的电影《精疲力竭》中使用。

5. 匹配剪辑：衔接场景

匹配剪辑是连接两个动作一致或构图相似的镜头，这与上文提到的跳切是不同的。

它常用于转场，在具备同一主体物的两个场景中，当画面需要表现两个场景之间的联系时，就可以运用这种剪辑方式达到连接两个画面的效果，在视觉上能给人非常炫酷的奇妙享受。

而且，匹配剪辑不仅用于动作状态的转换，还能用于台词语言的衔接，例如，两个人在说同一段话时，根据语言顺序交替剪辑，会使画面更加具有紧凑感。

6. 跳跃剪辑：打破场景

跳跃剪辑可以说是一种很突然的镜头剪切，常用于打破前一场景中的情绪。在影片中，许多表现人物从噩梦中惊醒的画面常用这种手法。

跳跃剪辑有时候也会用于转场，例如从一个激烈的大场面中转换至宁静缓和的场景。影视界有许多热衷这一剪辑方式的导演，比如泰伦斯 · 马利克、王家卫等。

7. 动作顺接剪辑：巧妙转场

动作顺接剪辑是指当角色处于运动状态下时，切换镜头。剪辑点不一定要在动作展开之时，可以根据动作的运动方向或在人物身体变换的简单镜头中切换。

我们经常在影视剧中看到这样的画面：人物正在抛掷物品，或穿过某一背景画面时，镜头瞬间切入下一个画面。这样的转场效果很自然地将人物与下一个环境连接起来，营造了一种自然连贯的氛围。

8. 隐藏剪辑：假象转换

隐藏剪辑是指利用阴影或是遮挡物，营造画面仍处于同一镜头的假象。在运用隐藏剪辑时，剪辑点通常被藏在转换的镜头中，有时还可以利用穿过画面或是离开镜头画面的物体衔接镜头。

例如，人物正在街边行走，画面中经过一辆汽车，下一画面是另一个行走的人物。这就是利用了运动的汽车来做隐藏物，使剪辑点不易被发现，达到一种连贯的画面转换效果。

9. 变格剪辑：超出常规

变格剪辑是指在组接画面素材的过程中，对动作和时空做出超乎常规的变格处理。强调动作的戏剧性，夸张地展现时间与空间的放大或缩小。这是一种渲染情绪和营造气氛的重要手段，直接影响了视频的整体节奏。

10. 组合剪辑：灵活运用

我们需要根据短视频的内容发展及主题，灵活地运用各种剪辑手法，将它们富有创造力地组合在一起，会让我们的短视频更有特色。

例如交叉剪辑＋匹配剪辑，变格剪辑＋平行剪辑等，不同的组合会产生不一样的画面效果，大大充实了镜头的画面感，让短视频内容呈现更加丰富的效果。

5.4.3 四大必备剪辑技巧：三统一，一结合

在前文中我们了解了基础且常用的剪辑方式，现在为大家介绍四种短视频后期制作必备的剪辑技巧。

1. 统一重点方位

短视频的内容创作不限于室内，经常涉及户外拍摄。在拍摄人物较多的户外场景时，我们可能会遇到这样的问题：同样的场景人物众多，叠加在一起或是切换镜头时，画面看起来有些混乱，找不到重点。这种情况，

我们该如何处理呢？

（1）以人物视线为主

如果以人物作为镜头主体物，那么，这个人物的眼睛（视线）就是画面的重点。我们需要锁定这个人物的视线，以此为中心点，在适当范围内剪切镜头，保证用户能够在某个固定的区域找到画面的重点。

（2）重点在相似位置

在人物众多的场景中，重点似乎显得比较分散。这时候我们要以某一个人为中心，让他出现在画面中的固定位置。当我们切换下一个人物画面时，重点人物的位置仍要与刚才出现的方位相似。

例如，上一个画面中的主要人物出现在画面左侧，那么切换下一个场景时，主要人物也要出现在靠左侧方位。这样有利于用户在人山人海中找到重点人物，使杂乱无章的户外场景有条理地划分开来，显得主次分明。

2. 统一运动方向

如果两个画面中的主体物以相似的速度，向相同的方向运动，我们可以将两个处于运动状态下的镜头衔接在一起，使两个场景完美结合。

比如，第一个镜头是“工厂的零件正在加工制造”，下一个镜头是“零件包装完毕等待出厂”，这两个画面中的主体物都是“零件”，且以同样的运动方向拍摄，那么将两者剪辑在一起时，会形成一个自然的转场，呈现出一气呵成的效果。

3. 统一画面色调

我们在调整画面色调时，每个镜头的色彩都要与整体风格相符，切勿把色系完全不同的素材拼接在一起。因为每一次转换色调，都需要人的视觉和大脑快速做出反应，频繁更换色调，会使短视频画面看起来非常突兀、不连贯。

在影视剧中我们会看到黑夜瞬间变为白天的画面，这是由于剧情的需要必须做出的剪辑，但这样的转场并不会频繁出现，它不符合人们的观看习惯。因此，在短视频剪辑中需要注意的最关键一点，就是统一整体的画面色调，避免大量的颜色曝光变化。

4. 结合相似元素

有时候，我们会看到两个大相径庭的镜头竟然神奇地连接在一起，这种非常自然的过渡方式，为我们的画面增添了不少美感。

其秘诀在于，两个看似不同的画面，实则在一些细节上有异曲同工之妙，只要找到相关联的一小部分镜头，就能将两者很好地结合起来。这种有关联的画面可以是相同的运动轨迹，也可以是相同的元素或道具，无论是运动的还是静止的镜头，都能拼接成一个完美的转场。

例如，下楼梯和进电梯是两个不同的场景，但有着类似的运动状态和逻辑关系。那么，我们就可以将两个镜头结合在一起，使画面看起来连贯而流畅。

5.4.4 高级剪辑：短视频情绪的三种表达

短视频与传统影视剧不同，可能没有十分完整的剧情故事，更多的是展现创作者对某件事的态度，因此，短视频的“情绪表达”是升华视频内容的重要方式。现在，我们就来学习利用 3 种不同的方式，表达不同的情绪。

1. 画面组接：适量使用，恰当留白

细节是展现情绪的有效方式，我们可以在视频内容的关键位置插入一组近景或特写镜头，使主体的情绪能够突出呈现。通过类似这种画面组接的方式，为原本的内容增添不一样的节奏感和表现力。

我们在拍摄过程中通常会设置这样的画面，例如：嘴角上扬表示开心，扶额表示尴尬，大呼小叫表示兴奋，紧握拳头表示愤怒，咬手指头表示不安……这些都是情绪表达最为直接的方式，可以算是入门级别的基础表达手法。

想要通过剪辑技巧呈现以上所说的情绪，我们可以利用组接镜头、插入景物镜头、增加运动镜头等方式来完成。

多个短镜头组接在一起，可以表达开心、愤怒或紧张的情绪；多个长镜头组接在一起，可以呈现出悠闲舒适、无聊冗长或忧伤无奈的情绪；队列画面的组接还能够达到强化、隐喻、比较或象征的情绪效果。

景物镜头可以安插在视频的片头、片尾或中间，能够起到调节短视频节奏和营造氛围的作用。运动镜头则突出了情绪的变化，例如后拉镜头可以舒缓情绪，急推镜头能够强化情绪等。

以上提到的画面组接方式，都能为视频内容增添不一样的情绪，但也不必过多使用。有时，适当的留白，让用户自行体会其中的情感，也是一种不错的方式。

2. 色彩变换：创意搭配，有机统一

色彩能够表达情绪，这是我们耳熟能详的话题。对于短视频画面而言，色彩的选择相当重要，它是“造型语言”的重要组成部分，也是剪辑情绪的主观性外化表达。

通常我们用红色表示热烈与激情，或者愤怒与压迫；用绿色表达青春与自然，或者平安与健康；用黄色表示活力与希望……

这些基本的色彩认知，有助于我们对画面色彩进行恰当的调整。无论是使用同一色系还是两种反差色，或是多重色彩结合，都是为了准确表达情绪。同时，我们在运用色彩变换时，要遵循上文中提到的“统一画面色调”原则，切勿频繁剪切不同色系的镜头，那会使用户产生视觉疲劳。

短视频的创作没有过多的剧情设计，有时候一个简单的画面就能表达出某种态度。因此，正确选择符合视频主旨的色系，能够帮助短视频快速而正确地传递情绪，让用户产生共鸣。

3. 音乐搭配：音画组合“3 法门”

剪辑不仅是视觉艺术，同时也是听觉艺术。尤其是对于短视频而言，有时候一个简单且没有剪辑技巧的视频，因为搭配了恰当的音乐，瞬间变得吸引眼球。

旋律是重要的声音语言，是表达和强化情绪的重要元素。这里为大家介绍三种音乐剪辑手法，帮助大家更好地利用旋律传递情绪。

（1）"卡点"法：画面与节奏一致

音乐音响与画面所表达的内容在情绪、节奏、意义上保持相互一致，在剪辑中关键要把握好两者的统一关系。在剪辑点的处理上可以将画面的切换与音乐音响的重音、节拍、节奏保持同步或协调，最终，使影片完整表达一种统一的情绪。

在日常生活中，我们经常能看到"卡点"类型的短视频，画面会随着音乐的旋律，非常有节奏地变化。这种高度一致性，通常能给人带来视觉与听觉的双重享受。

（2）"复调"法：画面原声与音乐组合

将音乐与画面所表达的情绪分成两个独立的个体，简单来说，就是将拍摄画面的原声播放出来，再添加与其情绪类似的音乐，形成"复调"。这种"多重奏"会让音乐与画面形成多方位呼应，通常在表达人物矛盾而复杂的心情时会用到。

（3）"矛盾"法：音画相反，另类表达

我们在为短视频内容选择配乐时，也可以另辟蹊径，反其道而行。例如，悲伤的画面搭配喜庆的节奏，开心的画面搭配忧伤的旋律，这种充满矛盾点的搭配方式往往能出现意想不到的效果。

但一定要注意，这种方式仅适合用在搞怪类、日常类等风格比较轻松的短视频中，不适合严肃认真的新闻内容。

以上是本小节的全部内容，从剪辑者的思想认知到实操性的方法技巧，以及有些难度的情绪表达方式，都做了较为全面的分析讲解，能够完全满足短视频的后期制作需求。

第 6 章　涨粉策略：教你零成本投入，狂揽百万粉丝

近年来，“粉丝文化”日渐繁荣，“粉丝经济”的诞生也逐渐改变了各大商家的营销策略。对于短视频运营者来说，粉丝更是创作的动力和变现的渠道。想要零成本投入，快速获得百万粉丝并不难，阅读本章，你将找到答案。

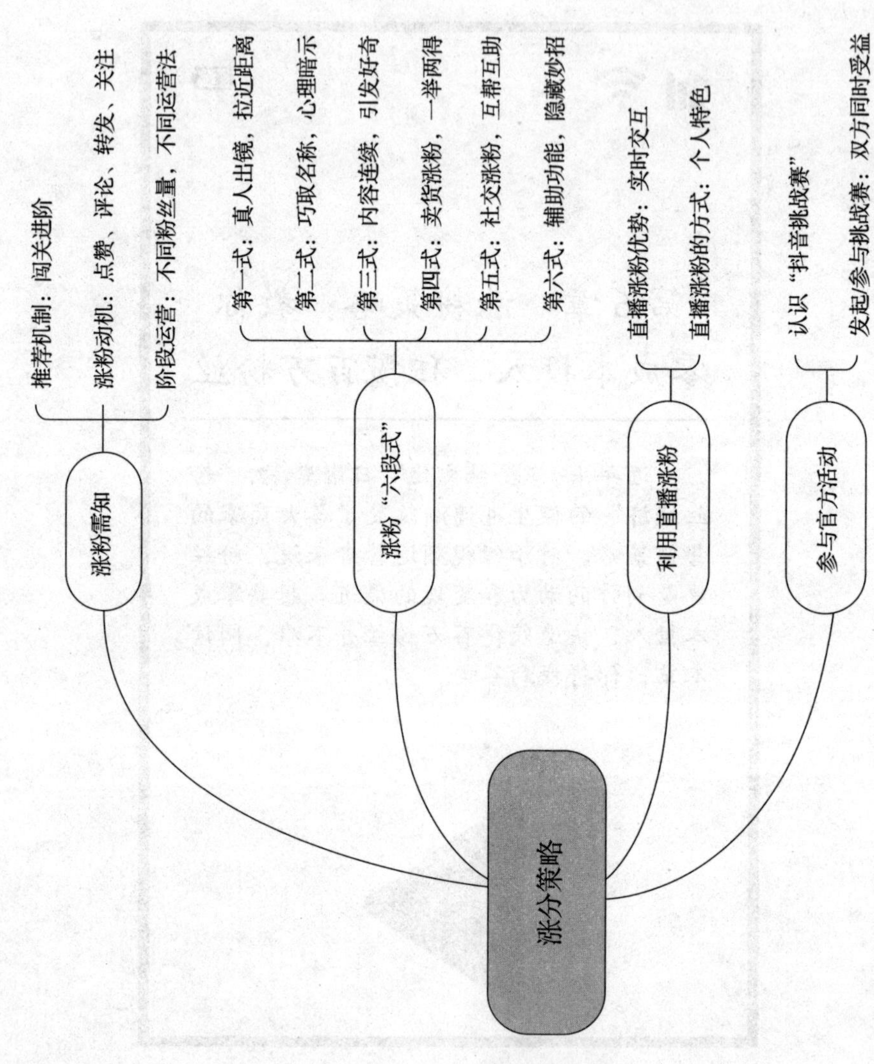
涨分策略
涨粉需知
推荐机制：闯关进阶
涨粉动机：点赞、评论、转发、关注
阶段运营：不同粉丝量，不同运营法
涨粉“六段式”
第一式：真人出镜，拉近距离
第二式：巧取名称，心理暗示
第三式：内容连续，引发好奇
第四式：卖货涨粉，一举两得
第五式：社交涨粉，互帮互助
第六式：辅助功能，隐藏妙招
利用直播涨粉
直播涨粉优势：实时交互
直播涨粉的方式：个人特色
参与官方活动
认识“抖音挑战赛”
发起参与挑战赛：双方同时受益

6.1　涨粉须知：万变不离其宗

涨粉的方式有很多，涉及的范围也很广，我们可以从短视频的内容、文案着手，提高账号的活跃度，增强与粉丝之间的情感纽带，维持一个稳定的更新状态，使账号形成良性循环。

在做这些工作之前，我们先要了解关于短视频涨粉的基础知识。在有了最基本的认知之后，我们就能更加灵活地运用各种方式达到涨粉的目的。

6.1.1　推荐机制：闯关进阶

各大短视频平台的推荐机制有所不同，但总体而言相差不远。在这里，我以抖音为例，为大家介绍短视频平台背后蕴藏的大数据算法，带大家了解这套推荐机制的运作模式。

在具体讲解之前，我们需要了解短视频平台推荐逻辑的三个关键量，如图 6-1 所示。

图 6-1　短视频平台推荐逻辑的三个关键量

一个没有被限流的正常抖音号在发布了一条短视频之后，系统会自动为这条视频分配一定量的流量。

通常情况下，一个全新的账号发布的第一条视频可以获得 300 至 500 的播放量。如果这条视频的内容优质，获得了数量可观的点赞、评论和转发，抖音官方会认为这个账号是一个潜力股。

在账号发布第二条视频的时候，就会给予更多的流量扶持，将视频推荐给 3000 个左右的用户。这时候，如果视频依然有不错的反响，那么，接下来的短视频将会获得较高的播放量，大约在 1 万次左右。

如果我们能够保证账号一直发布优质的内容，就能乘胜追击，让下一次发布的作品拥有 10 万、50 万甚至破百万的超高流量。

也许你会感到好奇，抖音平台到底是根据哪些数据来评判短视频的账号呢？除了我们直观可以看到的数据（点赞量、评论量和转发量）以外，系统还会综合判断账号的这五个方面。

1. 健康性：账号是否有不正当操作，所发布的内容是否合法合规；

2. 活跃性：账号是否持续稳定地更新优质内容，用户的数据反馈是否良好；

3. 垂直性：账号是否长期输出固定主题的内容，是否获得垂直领域粉丝的喜爱；

4. 社交性：账号是否具备活跃度，是否积极参与相关活动、与粉丝互动等；

5. 原创性：账号是否以高质量原创作品为主，是否存在侵权行为等。

6.1.2 涨粉动机：点赞、评论、转发、关注

在了解了短视频平台的推荐机制之后，我们需要从四个方面（点赞、评论、转发和关注）来判断账号是否满足“吸粉动机”。

1. 点赞动机：是否有认同感

短视频作品获得点赞的原因有很多，我们分析了市场上大量的“爆

款”短视频之后发现：无论是搞笑的、感人的、可爱的或是有用的短视频，只要能使用户对内容产生认同感，就能收获用户的喜爱并情不自禁地点赞。

比如我们常能看到政府机关发布的关于爱国情怀的短视频，还能看到网红达人表演的精彩短片，也能看到普通素人分享的有趣日常……

这些短视频的主题、风格和类型有所不同，但都能得到用户的喜爱，其根本原因就是用户是否对该内容有认同感，换句话说，也就是短视频是否满足了用户的点赞动机。

2. 评论动机：是否有表达欲

现如今，人们的生活越来越忙碌，用于社交的时间也越来越少。短视频平台的评论功能恰好为人们提供了一种新型的社交方式，满足了大部分用户在评论区抒发感慨、表达观点和寻找同类的社交心理。

而且，基本上每个用户在看完一条感兴趣的短视频之后都会不自觉地看一眼评论内容。很多时候，评论区会出现让人拍案叫绝的留言，为这条短视频锦上添花。

那么，什么样的视频内容能够激发用户的评论动机呢？我为大家总结了以下三点。

（1）感同身受

调动普通大众的共有认知，让人对视频内容产生感同身受的感觉，引发共鸣，从而调动用户的表达欲。在这一点上，“网易云音乐”，就做得很好，它的评论区里都是用户在听完歌曲之后自发留下的文字，人们可以在这些评论里看到曾经的自己，这就是“感同身受”的力量。

（2）好奇发问

当用户对短视频内容产生兴趣时，就会想要了解相关信息比如视频中的主角是哪里人，画面里的场景在什么地方，背景音乐的名字是什么，这些都能够引起用户的好奇心。当我们的视频中包含了某个亮点时，就能让用户主动发问，参与到评论中来。

（3）寻找存在感和归属感

短视频运营者要学会利用自己的视频内容引导粉丝逐渐形成一个小社团，让用户能够自愿地在评论区里留下自己的痕迹，帮助他们表达观点、寻找同类，在大千世界里找到存在感和归属感。

以上三点内容都是用户的评论动机，可以激发用户的表达欲，主动表达自己的观点和想法。

3. 转发动机：是否有分享欲

转发量高的短视频，都有许多共同的特征，我为大家分析总结了以下四点。

（1）有利他人

有利他人的行为是用户通过帮助他人使自己感到快乐，以利他作为分享动机，将那些自己认为有价值的信息传达给他人。一般情况下，我们会把生活小技巧、安全知识、健康常识等内容主动转发出去，希望能够帮助更多的人。

（2）展示自我

通常我们在看到一个可以展示自我的短视频后也会主动分享给朋友，这类视频可以是有品位的、有正义感的、有意思的……转发这类视频一般是想让他人“开开眼界”，以体现日常涉猎的广泛性。

（3）求认同者

我们在看到一个与自我观点相符的内容时，会情不自禁地转发给他人，求得他人的认同。分享这类视频通常是为了得到他人的回应、让他人了解我们的想法。

（4）有时效性

我们在看到一个最新的消息时，常会迫不及待地分享给他人。首先是为了与他人探讨对这一消息的看法和观点，其次也能从中获得一种成就感。

以上四点直接影响用户的分享欲，我们可以参考这些内容来创作短视频，提高视频的转发率。

4. 关注动机：是否有统一性

有时候，我们可能点赞了某条短视频，也对其内容进行了评论，甚至将它转发给了他人，但我们却没有关注该短视频账号，这是为什么呢？

很大一部分原因是因为该账号发布的内容不具有统一性。如果一个账号今天发布了一条“美妆”主题的内容，明天却又发布了一条与“物理”相关的内容，即便视频本身的质量非常高，也难以获得稳定的受众群。

短视频运营最忌讳的就是成为一个“杂家”，把各式各样的内容汇聚在一起做成“一锅乱炖”，是永远不能成功的。正确的做法是成为某一领域的“专家”，只在这一细分领域中不停地创造新的内容，吸引固定的粉丝群体。

6.1.3　阶段运营：不同粉丝量，不同运营法

当我们拥有了一定量的粉丝后，要学会灵活地运营短视频账号。不同的粉丝数量，需要利用不同的运营策略。我将粉丝量大致划分为四个阶段，接下来，就为大家详细介绍各阶段所对应的运营法。

1. 第一阶段：1 万粉丝以下，增强互动

当我们的粉丝数量还未达到 1 万时，要注意抓住评论区的用户，及时回复他们的留言，增加与粉丝之间的互动率，让他们能在我们的短视频评论里找到存在感和归属感。

另外，我们要多与粉丝交流沟通，听取他们对视频内容的建议，尽量根据用户的口味来调整短视频，将已有的粉丝群体牢牢握在手中。

2. 第二阶段：1 万至 10 万，内容优先

当我们拥有数万粉丝的时候，基本上已经算是个小有名气的短视频新

秀了，可能会有小商家联系我们投入广告，这时候最好不要急于求成，太早达成商务合作。

在这一阶段，我们的粉丝数量还不算太多，需要持续产出优质的内容来固定和扩大粉丝群，培养用户的观看习惯，增强用户的黏性和依赖性，提升短视频账号的价值，为之后的流量变现打好坚实的基础。

3. 第三阶段：10 万至 100 万，注意红线

当我们的粉丝数量达到数十万时，说明我们的短视频内容得到了市场的广泛认可，粉丝群体较为稳定，可以适当与符合该账号调性的品牌达成合作，实现少量变现。但要注意的是，要谨慎挑选合作商家，确认产品是否合法合规、是否存在欺骗消费者的行为等。

如果我们不重视这些问题，从而产生了一些不良影响，那会大大降低我们在粉丝心中的信任度和好感度，使长久以来的坚持和努力付诸东流。所以，我们在进行商务合作时一定要小心谨慎，秉承着对消费者负责的原则选择值得信赖的商家。

另外，在这一阶段，我们仍然不能忘了持续产出优质短视频，好的内容才是支持短视频账号长久运营下去的动力和源泉。

4. 第四阶段：100 万以上，正面形象

当我们的粉丝破百万甚至达到千万以上时，说明我们已经拥有了一个粉丝群较大的 IP。这时候，我们不仅要创造高质量的短视频、保证商业广告的合法性，更需要树立一个正面积极的 IP 形象。

尤其是拥有千万粉丝的短视频大咖，其变现渠道远不止短视频带货这么简单，更多的是通过其他方式如参与节目、融资合作、自创品牌等来获取收益。

因此，在这一阶段，我们要将 IP 形象放在首位，积极响应国家号召、关注时事热点、把用户的利益放在第一位，做一个优质的短视频行业领军人。

本节内容我们一起学习了短视频账号涨粉的基本知识，相信大家已经按捺不住激动的心情，迫切地想要了解涨粉的具体方法，在接下来的内容中，我将与大家一同探讨涨粉的诀窍。

6.2　常见的涨粉六大招式：人、名、奇、货、友、妙

我在浏览了众多拥有固定粉丝群的短视频账号之后，分析得出了五个能够帮助我们涨粉的关键技巧。这些方法能够帮助我们在没有出“爆款”短视频的情况下，依旧可以持续稳定地吸引粉丝。

6.2.1　第一式：真人出镜，拉近距离

真人出镜的短视频更容易成为爆款，因为脸更容易让用户产生印象，无论是运营者本人，还是剧情演员，只要有长期固定的人物出现在视频中，就能以此和用户培养感情，增强我们与粉丝之间的情感关系。毕竟当我们看到真人时，会不自觉地产生信任感。

如果出镜的人物具有超高颜值，很容易就能吸引一波粉丝的关注，毕竟爱美之心人皆有之。同时，我们也要学会包装出镜人物，要从人物的发型、妆容和衣着出发，突出人物身上的亮点。

不过，在帅哥美女如云的今天，光有颜值是远远不够的，更重要的是人物特色。如果我们并不具备非常有竞争力的外形，那么可以挖掘自身的特点，为自己打造一个人设，以一个鲜明有记忆点的固定形象出现在用户眼中。

我们熟知的短视频大咖，都是以本人出镜的方式呈现短视频内容。这极大地拉近了短视频创作者与用户之间的距离，提高了用户对创作者的信任度和好感度。

6.2.2 第二式：巧取名称，心理暗示

我们可以给短视频账号取一个巧妙的名字，告知用户我们的视频内容具有垂直性和持续性。在无形中让用户产生一种自我暗示——如果想要了解更多相关内容，就必须关注这个账号。

那么，我们该如何取名才能达到这种效果呢？

1. 细分领域：深入垂直

如果我们专注某一领域进行内容创作，可以在账号名称上下点功夫，把我们的内容特色充分体现出来。

例如，有一个短视频账号名称叫作“综艺”，大家会关注它吗？

大概率是不会的。因为“综艺”所涉及的范围比较广泛，有的人喜欢这类综艺，而有的人却偏爱另一类，我们从名称上很难确定该账号的内容偏向性。

但如果我们给这一名称加上几个字，变成“搞笑综艺”，关注它的人会变多吗？

有可能会，因为从名称上看，我们可以得知这一账号主要发布的是搞笑类的综艺，那么喜欢这种内容的用户可能就会关注。

不过，我们还有更好的做法，那就是进一步细化账号的名称。比如“国内搞笑综艺片段”“日韩搞笑综艺合集”“欧美脱口秀集锦”等。这样的名称能使用户在第一时间了解短视频的主要内容，对这一主题感兴趣并且想要看到更多相关内容的用户自然就会主动关注。

2. 突出地域：提升亲切感

每个人都有一种“故乡情结”，对于自己熟悉的地方总是会心生偏爱。所以，我们在给账号取名时，可以突出地域特色，唤起人们心中的记忆，提升亲切感。

例如，有一个短视频账号名称叫作“美食”，大家会关注它吗？

我相信答案与上文中提到的案例相同，不会有太多用户愿意关注。毕竟世界美食种类繁多，各国、各地区的口味和喜好都有不同，我们无法从简单的“美食”两个字里得到其他任何信息。可以说，这是一个非常失败的名字，实际生活中也几乎没有人会这样取名。

但如果我们在“美食”前加上几个能传达信息的词语呢？比如“成都特色美食”“长沙香辣美食”等，或者换一种类似的说法“重庆麻辣火锅食谱”“在家也能吃西安美食”等。

将地域名作为账号名称的关键要素，能很好地吸引对地方特色感兴趣的用户，是一个吸引固定受众的好方法。

3. 体现功能：突出作用

各大短视频平台上有许多具备功能性的短视频，在运营这类账号时我们要不断细化视频的指向性，使受众人群更加精细。

例如，有一个短视频账号叫作“训练营”，大家会关注它吗?

通过前文的例子，我们可以在一秒钟内给出答案“不会”，因为“训练营”所透露的信息比前文提到的“综艺”和“美食”还要少。那么，我们该怎么优化这个名称呢?

首先，我们可以给它加上两个字，变成“英语训练营”；然后再逐步细化，比如“四级英语训练营”“日常口语训练营”“英语美文写作训练营”……

这些都能够充分体现视频内容的具体功能，需要提升相关英语知识的用户自然会关注该账号。

4. 巧用时间：心理暗示

如果我们在手机商店中输入“天天”二字，会发现以“天天”作为元素取名的手机应用有不少，比如我们熟知的手机游戏“天天爱消除”“天天跑酷”等，还有在短视频平台拥有众多粉丝的“天天读书”等。他们都是利用“天天”二字，让用户心中产生一种莫名的自我暗示，不自觉地每天使用和观看这些内容。

另外，我们还可以利用各种时间和日期来给账号取名，比如“一周穿搭不重样”“短视频创业 365 天”“一月瘦身塑形餐”等。这些时间概念都在无形中给了人们一种心理暗示，提醒用户需要每天不断跟进内容，通过这种方式，能够大大提高用户黏性。

以上这些方法仅仅是一种辅助功能，它与第 3 章中提到的账号取名技巧的相关内容并不重叠，只是偏向性不同。大家可以灵活地将两者结合在一起，创造出一个符合账号定位以及市场需求的高质量名称。

6.2.3 第三式：内容连续，引发好奇

连续性的短视频内容能够引起用户的兴趣，人们为了探寻事物的结果，会对接下来的视频产生好奇。那么，就让我们一起来看看，如何实现这一效果。

1. 剧情连续：“追剧”的本质

人们为什么喜欢追剧？因为电视剧是一个连贯性的内容，人们会对这些内容产生好奇、疑问和探索欲。市场上许多剧情类短片正是利用这种方法，不断更新内容推进剧情，吸引用户观看。

但并不是所有短视频创作者都有能力和精力去创作完整的剧本并制作出来的，所以，在这里，我为大家推荐一个比较简单的方法，同时也是个万能公式：“谁 + 做什么 + 第多少天”。

下面，我们通过几个例子来更好地说明这个技巧，例如：

“我来到英国留学的第 120 天”、“今天是豆豆（宠物）来到我家的第 603 天”……

通常，当我们看到这类内容时，会不自觉地点开账号的主页浏览其他视频，了解主人公的更多信息。因为，人们总是会自动根据已有的线索去

探寻更多与之相关的东西。

利用这样的内容公式，我们可以按照主角的时间线来拍摄视频，使每个内容都有连续性，每一集都起到承上启下的作用，促使用户在看完一集视频后自动关注账号，以便日后能够获知主人公的最新动态。

2. 悬疑揭秘：“好奇”的驱使

如果你对“测试”“星座”“揭秘”等内容感兴趣，那么一定见过这样的短视频：在上一集视频中抛出一个有趣的话题，引爆用户的兴趣点，但并不马上公布答案，而是告知用户“答案将在下一集视频中揭晓”。用户为了满足好奇心，很有可能会关注账号，以便在第一时间观看最新内容，解开心中的疑惑。

类似的例子还有很多，但我们在实际操作的过程中，需要把握好度，不宜过分利用用户的好奇心来达到快速涨粉的目的。我们更应该做的是优化视频的内容，让用户心甘情愿地成为我们的忠实粉丝。

3. 坚持重复：“简单”不简单

常言道：“把一件简单的事情做好，并不简单，重要的是坚持。”当我们实在想不出什么有特色的内容创意和表达方式时，不停地重复一件事，就成为我们最大的亮点。

2018 年在抖音爆红的某短视频运营者就是利用了这个方法，他在每条视频中都以相同的发型、表情、语气和格子衬衫出镜，用独具特色的说话方式为网友送上祝福，他的名言“真好”也成为当年的流行语。

另一个后起之秀也运用了类似的套路，抖音运营者以自己的宠物哈士奇作为短视频的主人公，每条视频的文案都是同样的一句话：“在家真的无聊，买了一只二哈，感觉好傻啊！”并且，他始终用同一首背景音乐作为视频的配乐，给用户留下了非常深刻的印象。

以上两个例子都充分展示了坚持重复的巨大威力，它能使简单的事情变成有特色的内容，是一种剑走偏锋的涨粉方式。

6.2.4 第四式：卖货涨粉，一举两得

短视频运营的本质是流量变现，而变现的途径之一就是卖货。我们可以利用“货”来创造有趣的内容，利用“货”的特色和功能为账号吸粉。

如果我们有自营的实体店或商品，可以充分利用这种方式，来达到既卖货又涨粉的效果。因为用户不仅有获取信息的需求，还有满足消费欲望的需求。接下来，我将为大家介绍卖货涨粉的四种方式。

1. 场景再现，植入产品

如果我们运营了一家炸鸡店，那就可以创作美食类短视频，将“炸鸡”这一关键元素植入到人们熟知的日常生活场景中去。例如：

许多女生喜欢在周末的休息日里，点上一份香脆的炸鸡，一边享受美食一边观看搞笑综艺。如果我们将这一场景拍摄出来，搭配悠闲舒适的音乐，利用特写镜头凸显炸鸡的美味。那么，这样的画面就很容易引发大部分用户的共鸣，人们会不自觉地想要模仿视频中主人公的状态。这时候，我们只需要利用视频的“定位”就能标明门店的名称和位置，同时也会有很多粉丝主动询问购买方式。

2. 奇思妙想，创意用法

通常情况下，展示一个产品的本职功能，并不能引起用户的兴趣，只有挖掘一个产品不为人知的“特异功能”才能引起大众的关注。但这并不是一件简单的事，需要我们用奇思妙想创造出产品的新用法。

3. 夸张呈现，突出功能

如果一个产品在某个方面具有特别突出的优势和特征，可以尝试利用夸张的形式来展示这一功能，让用户对它印象深刻。例如：

某车的一大重要卖点就是空间大，商家为了突出这一特征，拍摄了一条“车内藏有 12 人”的短视频。这种夸张的表现方式让用户对产品的特

色有了更深刻的印象。

某汽车的亮点是一键开启中控隐藏的存储空间，于是，商家放大了这个亮点，把这一功能定位为“能够藏 10 万私房钱的最佳位置”。该短视频发布后引来众人热议，获得了数十万的点赞量和不错的市场效果。

以上两个案例通过夸张的表现手法，既突出了产品的特色功能，也具备了短视频的趣味性。在满足用户娱乐需求的同时，又提供了有价值的信息。

如果品牌商家能够长期推出这类有创意的宣传短片，不仅能吸引大量粉丝的关注，还能达成一个不错的销售额。

4. 记录日常，展示文化

这种方式比较适合在大众眼中较有名气的公司。许多人会对优秀的企业充满向往之情，如果以员工或企业管理者的视角去记录公司的日常，分享工作中的乐趣，展示办公室文化，会是一件一举两得的事。例如：

某公司员工在抖音拥有一个粉丝已达 40 万的账号，名叫“ ×× 员工的日常”，其中一条获得 70 多万点赞量的短视频，用幽默夸张的方式，情景再现了“加班”的现象，引起了网友的共鸣，以调侃的方式，让大众了解到一个更有人情味、更接地气的小米公司。

还有一条以“两个翻译机之间的对话”为内容的短视频获得了 27 万的点赞量，许多用户对视频中的手机产生了极大的兴趣，纷纷在评论区询问具体信息。通过这种具有趣味性的视频内容，从侧面宣传了公司的产品，实在是一个充满智慧的方法。

结合以上案例可以得出：大企业非常适合开通这类短视频账号，既能满足大众的好奇心，为账号吸粉；又能体现公司的价值理念，间接带动了销售额。

6.2.5 第五式：社交涨粉，互帮互助

社交涨粉是一个比较耗费精力和财力的涨粉方式，但如果我们的短视频内容十分优质，也能够在短期内收到较好的成效。

我们可以通过已有的社交资源来宣传短视频账号，将长期积攒的人脉变成账号的真实粉丝，达到“一传十，十传百”的宣传效果。例如：

我们可以发送朋友圈推文，或是建立一个微信群，将一些可能对我们的视频内容感兴趣的朋友拉进群里；还可以在群里发送一些数额适中的红包，感谢他们的支持和关注，营造出一种热烈而和谐的氛围。

通常情况下，很多朋友都会非常主动自愿地帮我们宣传推广，只要我们能保证视频的内容和质量，长此以往，会有比较明显的吸粉效果。

另外，短视频本身也是一个社交平台，我们可以积极与那些同样刚起步的短视频新手抱团取暖，也就是大家俗称的“互粉”。比如，通过评论对方视频或私信对方提出互相关注的请求等，这些方式虽然看起来有点像是“做苦力”，但付出总会有回报，也许就能收获一些与我们很有缘分的粉丝呢？

6.2.6 第六式：辅助功能，隐藏妙招

许多短视频平台都提供了除“标签”以外的辅助功能。如果我们学会利用这些隐藏技巧，也能一定程度上帮助我们涨粉。接下来，我以抖音为例，向大家介绍一些有妙用的功能。

1. 添加官方活动话题

抖音经常会推出一些与品牌合作的官方活动，为了帮助品牌方引流，会对活动话题有流量扶持。所以，我们可以在发布短视频时添加活动话题，让我们的视频也能借着这股“东风”吸一波粉丝。当然，我们的内容最好能与活动相关，否则，吸粉的效果会很不理想。

2. 多 @ 抖音小助手

抖音小助手是抖音官方的短视频账号，主要用来评选抖音的精品内容和发布官方信息。抖音采用机器人和人工审核的方式推荐内容，但在人工审核之前，大部分短视频都会由抖音小助手（机器人）先进行归类。

当我们主动 @ 抖音小助手之后，就相当于毛遂自荐，提醒系统快速审查我们的内容。如果视频质量佳、创意好，则会有更大的概率上热门。这也就是为什么有不少用户会在文案中 @ 抖音小助手了，我们在发布视频时，不妨也试试这个办法。

6.3 利用直播涨粉：情感投入，内容输出

直播早在短视频大火之前就风靡网络，占据了许多网友的休闲娱乐时间。在短视频如火如荼的今天，直播不仅能吸粉、引流，还能打造 IP、卖货变现，实在是一举多得。在本节中，我主要为大家介绍一下直播涨粉的优势和方法。

6.3.1 直播涨粉优势

直播可以让主播与粉丝实现实时交互，进行“面对面”的交流沟通，比如弹幕实时互动、现场连麦等，通过这种“零距离”的接触方式增进主播与粉丝之间的感情。总结一下，直播涨粉主要有以下五大优势。

1. 增加曝光率

直播是传播信息的一种重要方式，如今市面上的直播平台种类繁多，我们可以在多个平台进行同步直播，提高曝光量。直播可以帮助我们展示个人形象、彰显性格魅力，用精彩的直播内容吸引用户，把他们转化为短

视频账号的粉丝。

2. 引流成本低

直播是一件简单易操作的事情，只需要下载相关的应用注册账号即可开始直播。我们不必拘泥于短视频平台的直播功能，许多传统的直播平台也非常适合我们去尝试。

如果我们比较擅长热门网游、手游，可以去斗鱼、虎牙进行游戏直播；如果我们偏爱泛娱乐化的内容可以去花椒、映客、一直播等。这些直播平台都会在一定程度上扶持新人，我们可以利用自己的特长去吸引粉丝，这可以说是一个“免费”的涨粉方法。

3. 粉丝黏性强

人类是情感动物，而直播的一大特色就是用情感留住粉丝，通过实时互动、对话交流，能够快速提升主播与粉丝之间的感情。

如果粉丝向主播倾诉生活中遇到的苦恼，主播能够给予回应和安慰，就能在很大程度上提升自己在粉丝心中的好感度。这样一来，我们要想在今后将这类忠诚度较高的粉丝转化到短视频账号，就会是一件比较简单的事情。所以，我们要学会利用直播与粉丝打好感情基础，尽可能吸引更多黏性较强的粉丝。

4. 会有意外收获

专业直播平台的用户与短视频平台的用户相比，更加乐于打赏，所以在直播平台进行直播时，不仅会吸引更多的人气，可能还会有意想不到的收获——直播礼物。因此，只要我们根据自己的特长选择对了直播平台，就既能帮助短视频账号涨粉，也能有不错的额外收益。

5. 打造个人品牌

很多在短视频平台拥有超高人气的运营者，其实都是通过直播“发家”的。

以上就是利用直播涨粉的五大优势，想要尝试直播的朋友，不妨在专业的直播平台小试牛刀，让自己的 IP 形成多方矩阵，不仅可以帮助短视频账号涨粉，还为日后的流量变现打下了基础。

6.3.2 直播涨粉的方式

上文中我们介绍了直播涨粉的优势，那么，我们该如何利用直播吸引粉丝、留住粉丝，并把这些粉丝转化成短视频账号的忠实用户呢？接下来，我将为大家一一揭晓。

1. 注意外形和言行

虽然颜值不能决定一切，但是高颜值的主播无疑更容易吸引用户关注，我们可以通过造型和妆容提升自己的气质，通过学习增强内涵修养，打造良好的个人形象。

例如，某主播在一开始并不算出众，但该主播通过长时间的学习和打磨，提升了个人形象和魅力。到如今，已吸引了逾 4 亿用户的关注，获得 YY 娱乐年度盛典女主播第一名，被广大粉丝奉为“YY 女神”。

另外，直播与短视频不同，无法对已经做出的事情进行修改，粉丝能够实时知道主播的言行举止，所以，主播要严格规范自己的言行，切勿做出违反法律、违背道德的事情。否则，后果将不堪设想。

通过以上案例，我们向大家说明了直播需要注意的事项。如果能很好地展现个人魅力并规避那些不得触碰的原则底线，长期坚持下来就能拥有自己的忠实粉丝群。

2. 利用特色和特长

如今的主播人数众多，想要在茫茫人海中占据一席之地，就要有个人特色。某主播正是利用自己独特的声音吸引了众多粉丝，无论她的声音是真实嗓音，还是通过变音器达到的效果，都是她最有代表性的特征。

另外，我通过分析各大平台的高人气主播发现，想要在众多竞争对手中脱颖而出，就要有一技之长，比如唱歌、跳舞、做饭、弹琴、打游戏、脱口秀、讲段子等，任何能让人眼前一亮的特长都能在直播平台受到欢迎。

3. 剪辑精彩片段

直播具有时效性，无法重复观看，而短视频正好弥补了这一缺憾。我们可以将直播中的精彩画面和语录剪辑成几分钟的短视频，发布在短视频平台上。通过这种方式，既能为我们的短视频提供内容，又能将直播平台的粉丝转化至短视频平台，是一种非常有效的涨粉方式。

4. 借助同行的力量

我们可以主动与粉丝量相仿的主播达成合作，与他连麦直播或在他直播时进行评论，通过这种方式达到互相宣传的效果。

在连麦直播前，最好能提前拟订好直播脚本，可以选择一个有趣的话题讨论，也可以一起做某件事情（打游戏、弹琴、唱歌等），以免尴尬冷场，"吓跑"粉丝。

本节内容为大家介绍了利用直播来给短视频账号涨粉的优势和方法，它的性价比极高，既能提升自我竞争力，还能获取额外收益。总而言之，直播是与短视频并驾齐驱的变现方式，我们可以同时进行，形成宣传矩阵。

6.4 参与官方活动：一场活动，吸粉无数

短视频平台会不定期地推出各类活动帮助运营者涨粉，我们要好好抓住这些机会扩大账号的知名度。接下来，我就以抖音为例，向大家介绍"抖音挑战赛"的涨粉套路，许多品牌商家都是利用这一方式快速提高曝光度。

6.4.1 认识“抖音挑战赛”

抖音挑战赛自推出以来已经帮助多个国内知名大品牌实现了超预期的宣传效果，是如今非常热门的短视频推广方式。

1. 什么是抖音挑战赛?

抖音挑战赛的发起者通常是品牌方或抖音小助手，它与普通话题存在本质区别。品牌方可以依托抖音挑战赛的形式，实现品牌宣传诉求，这种富有创意的营销方式吸引了知名品牌的参与。

挑战赛主要分为三种形式：超级挑战赛、品牌挑战赛以及区域挑战赛。不同形式的挑战赛价位有所不同，大致在 15 万至 30 万不等。《2019 年抖音挑战赛研究报告》显示，抖音挑战赛已经成为各大企业热衷的营销途径。

2. 抖音挑战赛的商业价值

首先，发起方能够获得抖音的全流量入口。简而言之，品牌方发起抖音挑战赛，即可获得抖音开屏、站内热搜、站内私信、信息流以及定制贴纸等全方位的商业化流量入口，可以最大限度地满足品牌方的营销诉求。

其次，挑战赛在初、中期会达到流量峰值，进入活动尾声后逐渐趋于平稳，但相关宣传内容始终在平台内得以保留，所以品牌热度不会随着时间的推移而骤减。相反，可能会因为活动中积攒的优质视频内容，帮助品牌形成新的流行浪潮。

6.4.2 发起 / 参与挑战赛：双方同时受益

抖音挑战赛能给发起方（品牌方）和参与方同时带来意想不到的收获，接下来我们通过“美团外卖”的成功案例一探究竟。

1. 美团外卖的经典案例

2018 年美团外卖在抖音平台发起“全民挑战 66 舞挑战赛”，上线一周的时间就收获了 35 万原创视频，短视频总播放量突破 1.6 亿。

在活动期间，抖音用户可以下载美团外卖APP参与“66集卡赢66元现金”活动，还可以在抖音与大咖们共跳“66舞”，使用富有抖音特色的专属BGM、萌趣贴纸，并有机会赢取iPhone X大奖。极具趣味性的活动和丰厚的大礼吸引了众多网友的关注，大量用户自愿参与到活动中。

总体来说，美团外卖发起的这场挑战赛，整合了抖音平台的网红达人和用户流量，掀起了一波“66舞”狂潮，强势提升了品牌曝光度，是一波“高段位”的优质营销。

不过，此次活动的受益方并不仅是美团外卖，许多参与挑战赛的运营者也涨粉不少，例如，某抖音账号利用本次活动大显身手，该账号凭借出色的原创健身舞蹈在大赛中获得近80万点赞数，在众多参赛者当中脱颖而出，拿下“66舞”大赛的第一名，借这次活动狂揽10万粉丝。

可以说，除了挑战赛发起方美团外卖，他是本场活动中最大的受益者。所以，我们要积极参与这类在官方支持下推出的活动，为账号增加曝光度，吸引更多粉丝的关注。

2. 如何举办一场成功的挑战赛

看过美团外卖的营销案例后，大家是否已经蠢蠢欲动了呢？如果我们也有自己的企业或产品，同样可以主动发起抖音挑战赛，成为活动主办方，达到快速涨粉的目的。

接下来，我为大家介绍一些“抖音挑战赛”的相关信息，在对它初步了解之后，我们具体讲解如何利用这一模式实现快速涨粉。

即使抖音官方会配合品牌方整合站内资源，我们依然要从四个方面来完善活动。

（1）活动名称：有吸引力

一个好的大赛名称能够在一秒钟之内吸引用户的关注。发起方需要仔细斟酌赛事名称，最好能淡化品牌信息，切勿注入太过浓重的商业气息，以免用户产生抵触心理。

另外，大赛名称要富有创意和内涵，比如小米有品曾发起过一次名为“我怎么这么有品”的挑战赛。这一名称既加入了品牌元素，又以一语双关的形式传递了高品质的生活理念，很容易受到广大用户的认可。

（2）活动内容：有趣易模仿

抖音挑战赛的传播本质是依靠有趣并且易模仿的视频内容，引导全民跟拍效仿，达到迅速裂变的目的。因此，视频内容是否具有趣味性，是否能引起人们的模仿欲望是重中之重。想要达到良好的传播效果，发起方必须要考虑整体用户的审美和拍摄能力，尽量以接地气、好制作的内容为主题。

例如，2019 年“支付宝好医保”在抖音发起了名为“蹦个百万养生迪”的挑战赛，获得了不错的反响。品牌方很好地结合了抖音的流行元素“蹦迪”，首先在活动定位上就吸引了相当多用户的关注；其次，品牌方选择了一首节奏感极强的背景音乐，这类音乐也是抖音用户的“心头好”。同时拥有了这两大特色优势，这一挑战赛想不成功都难。

（3）奖励机制：丰厚诱人

除了有趣的活动内容，丰厚诱人的物质奖励是促使用户参与活动的直接因素。当然，品牌方可以根据预算设立奖金和名额，奖品也可以是品牌产品，能够起到“二次曝光”的作用。

（4）KOL 造势：带头参与

短视频达人作为平台的 KOL，在很多方面能够起到带头作用。因此，品牌方在发起挑战赛后，可以借助抖音的头部 KOL 或明星造势，利用“粉丝效应”快速扩大活动的知名度和参与人数。许多品牌方在与 KOL 达成合作后，都达到了超预期的良好效果，这是活动宣传步骤中不可缺少的重要环节。

总而言之，抖音作为流量的聚集地，非常适合品牌方深入受众群体，与他们“玩在一起，打成一片”，吸引潜在客户群，把他们变成品牌的忠实粉丝，为今后的流量变现做好铺垫。

第 7 章　四大引流策略，精准引流，产品疯卖

在信息繁杂的今天，“酒香也怕巷子深”，没有流量做支撑的短视频运营就是不现实的“空中楼阁”。即使短视频行业的竞争逐渐“红海化”，但仍然有不少适合大部分个人或品牌的引流策略，能够助你成为短视频领域的“顶级流量”。

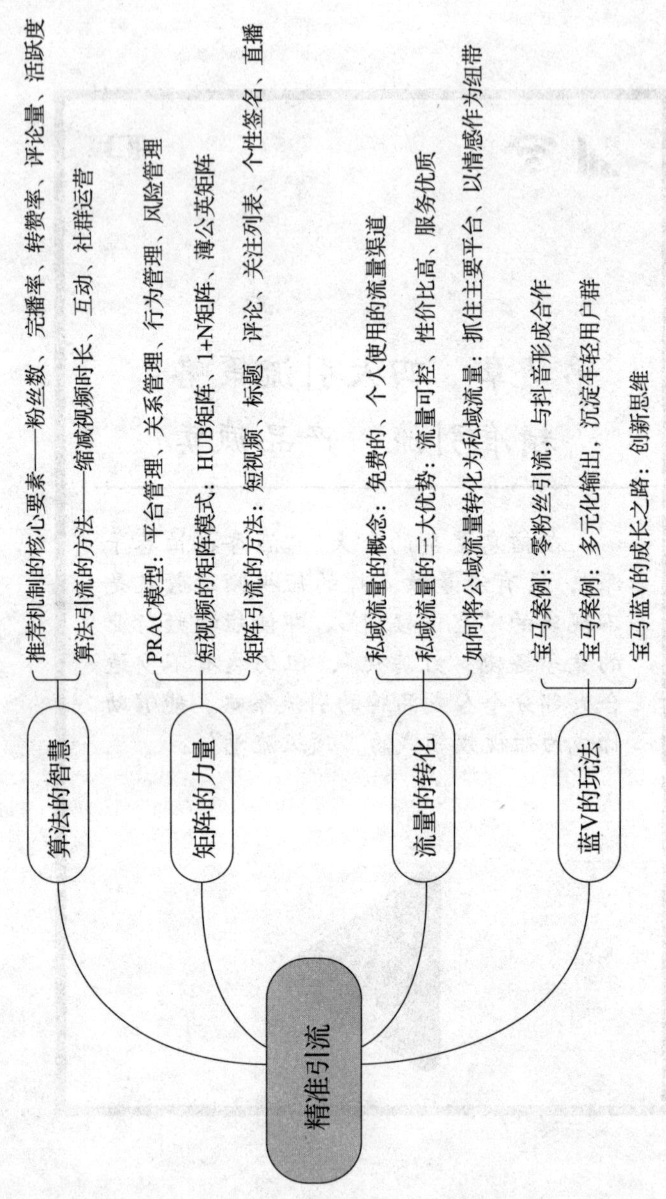
精准引流
算法的智慧
推荐机制的核心要素——粉丝数、完播率、转赞率、评论量、活跃度
算法引流的方法——缩减视频时长、互动、社群运营
矩阵的力量
PRAC模型：平台管理、关系管理、行为管理、风险管理
短视频的矩阵模式：HUB矩阵、1+N矩阵、薄公英矩阵
矩阵引流的方法：短视频、标题、评论、关注列表、个性签名、直播
流量的转化
私域流量的概念：免费的、个人使用的流量渠道
私域流量的三大优势：流量可控、性价比高、服务优质
如何将公域流量转化为私域流量：抓住主要平台、以情感作为纽带
蓝V的玩法
宝马案例：零粉丝引流，与抖音形成合作
宝马案例：多元化输出，沉淀年轻用户群
宝马蓝V的成长之路：创新思维

7.1　算法的智慧：把握核心，挑战大咖

抖音作为短视频行业的领军者，沿用了今日头条的算法推荐机制。如今各大短视频平台都参照了这一模式为用户推荐感兴趣的内容，而短视频运营者恰好可以利用这一机制为自己的短视频引流。本节内容继续以抖音为例，为大家揭晓“利用推荐算法引流”的奥秘。

7.1.1　推荐机制的核心要素

推荐算法根据用户的喜好推荐视频，能够很好地保证内容的分发效率和用户体验，同时，它也能帮助运营者快速获取流量。想要提升视频的推送效果，运营者需主要考虑以下五点要素。

1. 粉丝数量

粉丝数是评判一个账号是否具备价值的直观要素，粉丝的数量和增长速度都能够体现一个账号的市场认可程度。粉丝数量越多，视频的基础观看量和后期推荐量就会越高。

2. 视频完播率

完播率是指用户完整看完视频的概率，比如有 100 人点开了我们的短视频，其中有 50 人看完了全部视频内容，那么完播率即为 50%。

完播率与传统网页时代的网站跳出率类似，可以看到用户是在视频的哪个时间点跳出，它是一个衡量视频质量的硬性指标。所以，为了提高完播率，我们可以尽量缩减短视频的时长，突出呈现短视频最精彩的部分。

3. 转发率和点赞率

一条优质短视频自然会有较高的转发率和点赞率，这两个数据可以辅助系统去评判短视频内容的好坏。

4. 视频评论量

评论量高的短视频说明具有较高的话题度。无论是正能量的话题还是有争议性的话题，都是吸引流量的关键。因此，系统也会偏爱这类能够激发用户表达欲的视频。

5. 账号活跃度

活跃度主要是指用户的在线时长、内容发布频次和互动频率。当我们的某条短视频获得不错的播放量后，需要乘胜追击继续更新优质内容。如果长时间断更、停更，我们的账号活跃度将会大幅度降低，后期就很难获得较高流量。

以上 5 个核心要素很大程度上决定了账号流量，我们可以通过优化视频内容、积极参与平台活动来实现引流。

7.1.2 一个经典案例，玩转算法引流

抖音的推荐算法与百度等搜索引擎有所不同，搜索引擎的推荐算法主要以外链和权重为主；而抖音则采用了循环排名的算法，依靠视频的热度来分配流量，“热度”的评判标准如图 7-1 所示。

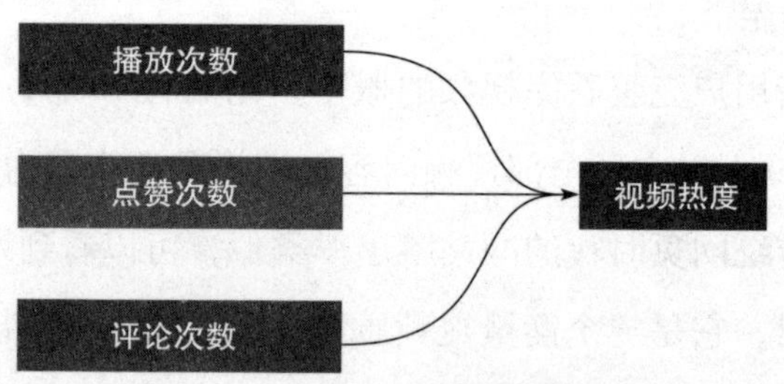

图 7-1 短视频热度的评判标准

从上图不难看出，一条短视频作品获得的点赞数和评论数越高，那么它的热度以及相对应的曝光度就会越高。接下来，我们就以一个抖音的经典案例来探讨，如何利用平台的推荐算法来为自己引流。

1. 案例

推荐算法给了普通用户创作和对抗大咖的竞争机会，实现了“人人都能当明星”的美好愿望，也能让普通用户快速找到符合自己喜好的内容和创作者。例如：

2018 年 6 月，抖音出现了一个火遍平台的优质歌手，他以帅气的外表和实力雄厚的歌功迅速走红，截止到 2020 年已经拥有 700 多万粉丝，视频总获赞量达到 4000 多万。

该歌手陆续推出的《突然想起你》《陷阱》《姑娘》等热门歌曲，不仅受到广大抖音用户的喜爱，而且经常作为背景音乐出现在各大热门视频榜单中。

他的走红不仅源于优质的音乐类视频内容，也得益于抖音平台的算法机制，根据平台算法和流量的推荐机制平台，将他的系列视频推送给了喜爱这一内容的用户，使他的作品能被更多的人知晓，从而迅速蹿红。

虽然抖音与快手有所不同，主要以 KOL（意见领袖）为平台领军人，但个性化的推荐算法仍然给了普通大众一个脱颖而出的机会。那么，我们该如何在算法机制中找到“出路”，为自己带来更多流量呢？

2. 方法：算法引流有 3 招

想要利用平台的推荐算法为账号引流，首先要了解平台的喜好，知道它喜欢哪类内容或排斥哪类内容。如果我们的视频踩到了该平台的“雷点”，无论引流方式多么成功，效果都不会太如人意。

（1）缩减视频时长

短视频的特征在于“短”，优势在于“精”，所以我们要以“短小精悍”作为创作前提，把最优质的部分提炼出来呈现给用户。而且，要想提高视频的完播率，不仅可以通过优化内容延长用户的观看时间，还可以反其道行之，缩短视频的时长，降低“完播”的门槛。

（2）在评论区互动

学会充分利用评论区的留言，与粉丝形成良好的互动氛围，激发用户的表达欲，从而增加视频的评论数量。评论的数量在一定程度上影响了账号的热度，账号的热度一旦提升，系统会自动分配更多的流量给我们。

（3）建立社群运营

社群是快速引流的有效方法之一，建立社群的目的是增加运营者与粉丝、粉丝与粉丝之间的黏性。这一模式来源于人类长久以来的生活习惯，通过群体效应提高粉丝的活跃度和留存率，再利用已有的人群去影响更多的用户。

总而言之，每个抖音账号在初始阶段都会被官方公平对待，进行比较合理的流量分配。所以，我们要善于利用上文提到的引流小妙招，让我们的作品能够在巨大的流量池里分得一杯羹，借助官方的力量为自己的账号添砖加瓦。

7.2 矩阵的力量：互相引流，力度爆表

短视频的引流方式多种多样，仅运营单一的短视频账号实在太过势单力薄。我们可以以主账号为主，在同一平台或多个平台开通多个账号，建立"军队式"账号矩阵。

各个账号的定位与侧重点不同，承担的角色和功能也有所不同。但在面对重要节点时，可以做到"全部人马齐上阵"，互相引流，通力协作，达到"战斗力爆表"的引流效果。

7.2.1 矩阵的理论支持：PRAC 模型

为什么说短视频账号需要形成多方矩阵呢？因为短视频的运营策略与

企业的产品营销方式类似，都可以参考“企业资源整合营销”——“PRAC 模型”来分析。

PARC 模型包括：Platform（平台管理）、Relationship（关系管理）、Action（行为管理）、Crisis（风险管理）四个核心元素，如图 7-2 所示。

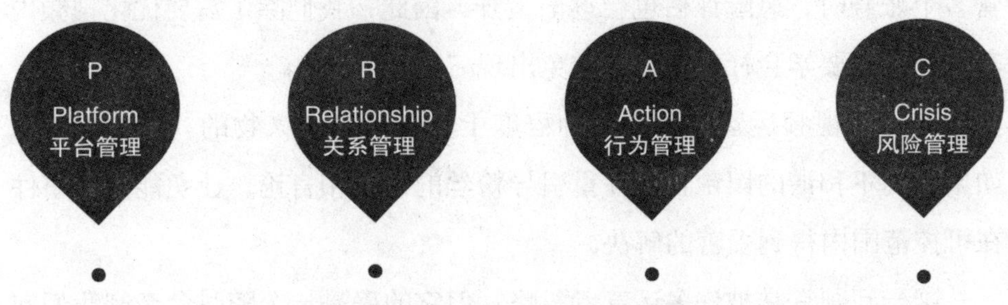

图 7-2　企业资源整合营销 PRAC 模型

接下来，我们就一起来学习这四个核心元素，了解短视频运营的矩阵方法和技巧。

1. 平台管理（Platform）

当我们同时拥有多个短视频账号时，要明确各账号的定位和功能，作为“掌权者”要以主账号为主，负责管理各账号的人设。其他账号则扮演辅助角色，可以承担外联、推广、客服等功能，总体呈现“众星捧月”的效果。

2. 关系管理（Relationship）

各短视频账号之间要形成联动，真正“动起来”才能凸显矩阵的威力和效果。许多短视频运营者做到了上文中提到的以主账号为主，但却忽略了各辅助账号之间的关联。

辅助账号担负着各自的职责，拥有独立的“人格”，为避免因以主账号为中心而使辅助账号失去个人特色，可以提升辅助账号之间的互动率，使每个账号都能网罗自己的粉丝。

3. 行为管理（Action）

短视频矩阵的目的是吸引流量、品牌宣推、卖货变现等，作为短视频运营者，需要对团队进行有效地管理，精确分配各账号的运营任务和目标，高效地运用已有资源。

4. 风险管理（Crisis）

短视频运营虽然成本较低，但依旧存在一定的风险。而当我们同时运营多个账号时，风险评估也会逐渐上升。因此，我们除了需要优化视频内容之外，还要学会社群运营，避免出现"粉丝危机"。

作为短视频运营者，在某种程度上具备了公众人物的"带头能力"，如果碰到不和谐的舆论，要注重引导粉丝的情绪和言论，让负能量的事件在可控范围内得到妥善的解决。

这一问题常常被许多运营者忽略，但它的确是一个随时会牵制我们向前发展的隐患，希望大家在遇到这类事件时能够谨慎处理。

7.2.2 短视频的矩阵模式：相辅相成

上文我们学习了矩阵的核心四要素，本节内容我们一起探讨一下常见的短视频矩阵模式。在这之前，我先向大家解释一下短视频矩阵的定义。

短视频运营矩阵是指同一运营者（或公司）拥有多个短视频账号，每个账号所涉及的内容或宣传的产品不同。以主账号为主，副账号为辅，形成横向的多方联动，通过短视频运营者的统筹策划，达到提高知名度、提升商业价值的效果。

现在，建立短视频账号矩阵已是大势所趋，许多知名企业早已利用矩阵实现了精准的引流效果。在研究了数十个经典案例之后，我为大家归纳总结了目前比较常见的短视频运营矩阵模式，主要有以下三种。

1. HUB 矩阵模式

HUB 原意是"多端口转发器"，而"HUB 矩阵"是指由一个核心账号领导其他子账号，子账号之间关系平等，核心账号将信息发射至各个子账号，子账号之间信息互不交涉。这种模式多出现在分公司和集团分隔比较明显的营销策略当中。例如：

万达的短视频运营矩阵就是 HUB 模式，主账号为“万达”，子账号分别有：万达电影、万达集团、上海万达影城、合肥万达乐园、北京万达广场等。如图 7-3 所示。

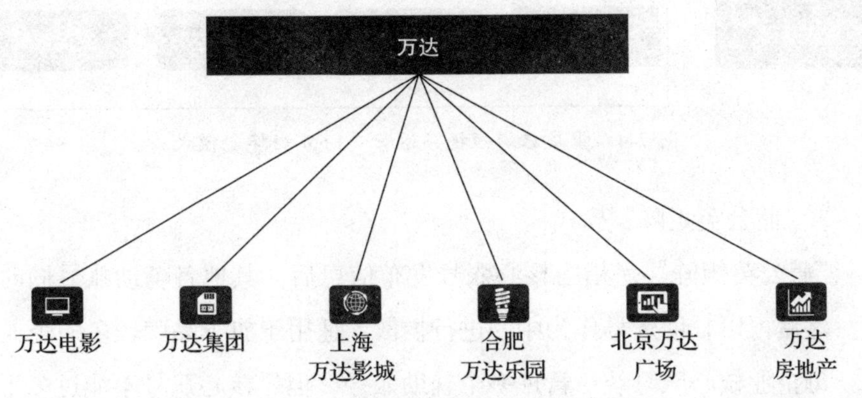

图 7-3　万达短视频运营 HUB 矩阵模式

在这其中，主账号“万达”单线对这些子账号分别发送信息，比如，当“万达”对“万达房地产”单线发送信息时，其他子账号是不接收该信息的。

另外，在使用 HUB 矩阵模式运营短视频账号时要注意以下两点。

（1）账号可开展地域服务，吸引更多的当地粉丝，与全国类账号在内容和功能上形成互补；

（2）子账号之间要从内容选择、受众定位、辐射地域等方面形成明显的差异。

2.“1+N 矩阵”模式

“1+N 矩阵”是由 1 个主账号和 N 个子账号构成完整的宣传体系，适用于品牌结构和产品类型较为简单的企业。这种矩阵模式分散了产品定位，细化了产品的特色功能，能够更加准确地吸引目标受众。例如：

“重庆旅游”的短视频运营矩阵是由主账号重庆旅游和子账号——平安重庆、发现重庆、重庆航空、重庆美食等组成，主要用以推广重庆的美食，宣传旅游相关各类资讯，如图 7-4 所示。

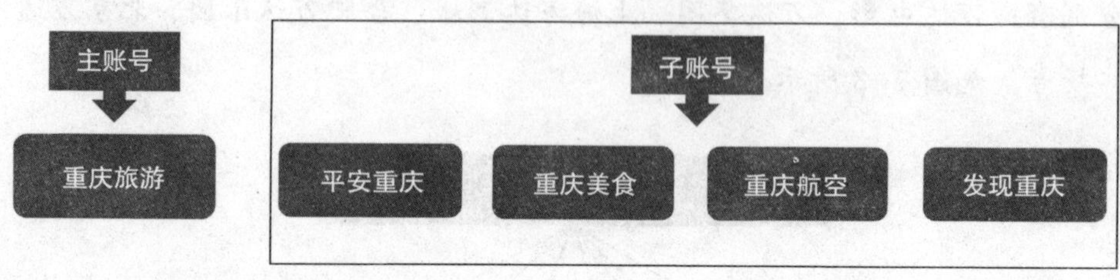

图 7-4　重庆旅游短视频运营“1+N 矩阵”模式

3.“蒲公英矩阵”模式

“蒲公英矩阵”是指当核心账号发布信息后，其他各辅助账号同时转发；然后再以辅助账号作为中心进行扩散，适用于旗下品牌较多的企业。

母企业核心账号统一管理多个辅助账号，但是核心账号不能过多干涉辅助账号的运作。同时，子品牌涉及的业务和受众群体既要有特性又要有共性。例如：

阿里巴巴的短视频运营矩阵就是典型的“蒲公英矩阵”模式（如图 7-5 所示），主账号为“阿里巴巴”，子账号分别有淘宝、天猫、聚划算、菜鸟裹裹、支付宝、蚂蚁花呗、蚂蚁森林等。

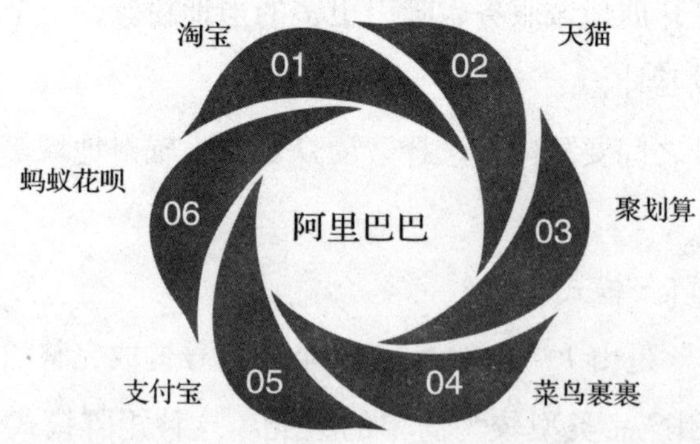

图 7-5　阿里巴巴短视频运营“蒲公英矩阵”模式

辅助账号受到核心账号的管理，当全线品牌需要进行统一宣传时，各辅助账号将全力为核心账号引流。而在其他时期，辅助账号会按照各自的策略独立运营和发展。

7.2.3　矩阵引流的方法：“拖家带口”

上文介绍了可搭建的短视频账号矩阵模式，本节内容讲解六种常见的矩阵引流方法。

1. 大号带小号：合拍短视频

当主账号拥有一定粉丝时，可以发布与子账号合拍的短视频，利用主账号已有的流量，为子账号扩大知名度。这是最快速的引流方法。

2. 标题区引流：@ 子账号

标题和文案是比视频内容更优先被用户看到的信息，在标题中 @ 子账号，能起到非常明显的宣传效果。许多短视频平台可以直接点击子账号名称跳转页面，简化了用户的操作过程，是个非常便捷的引流方式。

3. 评论区引流：互动 + 请求关注

视频评论区是一个很好的社交平台，主账号可以主动与粉丝交流互动，请求粉丝关注子账号，与上一个方法相同，可以在评论区 @ 子账号，方便粉丝查阅。

4. 关注列表引流：只关注矩阵账号

个人信息页面会显示所有已关注的账号，我们可以去除掉无关账号，只关注子账号。这种方式能引发粉丝的好奇心，驱使用户主动浏览子账号的信息。

5. 个性签名引流：写明账号特色

个性签名栏是展示自我的区域，每个浏览账号主页的用户都能看到这一信息。因此，我们可以将子账号名称写在个性签名里，最好是添加一些对子账号的简介，以引起用户的兴趣。

6. 直播引流：依靠情感

直播引流已经是一个老生常谈的话题，在直播时主播与粉丝之间的感情会迅速升温，请求粉丝关注子账号会是一件比较容易的事情。

以上六种矩阵引流方法具有普遍性，适合任何类型的个人或企业尝试。并且，这些方法可以单独使用也可以结合起来使用，无论是哪一种方法，引流效果都不会差。

7.3 流量的转化：玩转私域流量

短视频行业的发展如火如荼，流量的争夺也愈演愈烈。很多运营新手认为自己毫无流量，其实，我们普遍以为的流量是“公域流量”，而我们每个人又都拥有各自的“私域流量”。

私域流量能帮助我们在公域流量中收获忠实用户，是一种经常被忽视却又十分有价值的流量。本节将为大家详细讲述，这两种流量之间的转化。

7.3.1 私域流量的概念

私域流量在近几年火了起来，许多互联网企业想要在流量红海中继续维持公司的发展，就不得不挖掘老用户更大的价值，于是，私域流量逐渐受到大众的青睐。

在了解私域流量之前，我们先来看看流量池的概念，流量池是指拥有巨大流量的平台，比如淘宝、京东、百度、抖音、微博等。

根据流量的不同属性，我们又可以将流量池中的流量划分为：公域流量和私域流量。

其中，公域流量是指各大平台里的公共流量，它不单属于某个品牌或个人，而是由大家共同享有的。如果想要获得这类流量，可能需要付费去“买”。公域流量涵盖的范围很广，包括前文中提到的淘宝、百度、微博，还有视频网站、音乐网站、外卖软件等。

而私域流量，顾名思义，就是指那些免费的、由我们个人享有的，可以在任意时间直接与用户交流的渠道。比如微信群、QQ 群、自媒体等，如图 7-6 所示。

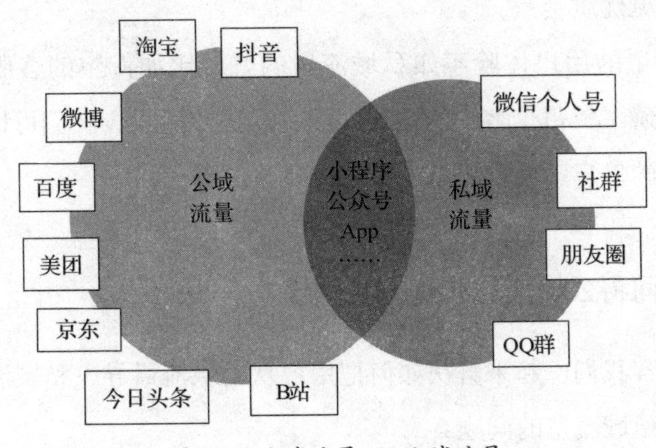

图 7-6　公域流量 VS 私域流量

7.3.2　私域流量的三大优势

据统计，我国目前已有 10 亿互联网用户，这些用户平均每天在线时间约 5 个小时，他们会看视频、打游戏、社交和购物等。而提供这些服务的平台都是“流量富豪”。

但“富豪”并不会免费将流量分配给普通用户，因此，我们想要找到能为自己所用的流量实属不易，这时，私域流量的优势就显而易见了。

1. 流量更可控

目前，新浪微博已突破 5 亿用户，其中蕴藏着巨大流量，但这些流量跟我们并没有任何关系。只有当我们把流量池里的用户引入自己的私域流量时，才能与用户产生后续的关联。

2. 性价比更高

公域流量的用户群虽然更庞大，但是想要得到曝光，就必须付费。所以，当我们把用户导入私域流量之后，就能免费与用户进行不限频次、时间和方式的互动。当然，我们也不能急于求成，造成用户体验感差，让好不容易“握在手里”的用户流失掉。

3. 服务更优质

公域流量的用户体验不如私域流量的好，比如淘宝的客服都是一对多，无法准确了解每个客户的情况。而在私域流量里，我们可以详细地了解每个客户的信息，做到更精致贴心的优质服务。

7.3.3 如何将公域流量转化为私域流量

本节内容我们一起来解决如何把用户从公域流量导入私域流量，以及如何维护好私域流量的问题。

1. 如何互相引流：抓住主要平台

短视频想要引流，最离不开的还是优质的内容，我们要多产出有价值、有功能性的干货，吸引用户主动进入我们的私域流量中，依靠良好的口碑达到网状扩散的效果。

从表面上看，互联网上似乎有无数个流量渠道，目标用户分散在其中，积累私域流量有些难以下手。但实际上80%的用户都聚集在最常见的主流渠道中，比如今日头条、微博、百度、淘宝、抖音、美团等。因此，在构建自己的私域流量池时，我们只需要抓住几个主要渠道，并且熟悉这些平台的游戏规则就能高效引流了。

2. 如何维护私域流量：情感作为纽带

我们把用户导入私域流量里，这并不意味着万事大吉了，恰恰相反，这意味着一个全新的开始。维系私域流量要擅长用情感抓住用户，站在用户的角度去考虑问题，把用户当作朋友一样去做维护，不要用太过生硬的口吻强行推荐产品。

总体来说，私域流量在未来十年之内都会成为企业或个人的发展重点，尤其是在面临经济挑战时，私域流量将是我们盘活资本，继续生存下去的关键。

7.4　蓝 V 的玩法

当全民注意力向短视频行业倾斜时，许多大企业已看到商机，把短视频平台作为宣推首选，深入受众群体，进行前线市场调研，实现了多元化的营销模式。

某品牌在 2018 年入驻抖音，成为抖音平台首个突破百万粉丝的汽车品牌，在两年期间持续不断地输出品牌内容，保持着较高的活跃度和互动度。目前官方蓝 V 抖音账号有粉丝已近 180 万，接下来，我们就一起探讨一下该品牌的运营秘诀。

7.4.1　零粉丝引流：敢为人先

作为国际一线汽车品牌，在创新上无疑是出类拔萃的，这也是品牌的竞争优势。该品牌敢为人先，作为第一批入驻抖音平台的汽车品牌，顺应了时代潮流，不断尝试新的营销方式，将抖音蓝 V 作为首个探索阵地，实属充满智慧的选择。

在短视频的流量驱使之下，各大短视频平台已经聚集了大量的潜在汽车消费者，而抖音部分用户的消费意愿和水平符合了该品牌的客户画像，于是当机立断入驻抖音蓝 V。作为短视频新人，该品牌从零开始，积极探索粉丝运营策略，持续推出创意视频，从“冷启动”阶段逐渐走向了“吸粉之路”。

在上市期，该品牌首次尝试了抖音“开屏 + 信息流 4-1”的超级流量组合，打造活力全开的“Big Day”，为新品注入更多的流量和关注度。站内视频播放总次数高达 1.02 亿，迅速带动了用户自主转、赞、评，互动率远超行业平均值，达到 6.82%。出众的宣推效果让该品牌迅速再次追投，两次引流共为品牌蓝 V 主页收获 106 万的访问量和 26.8 万粉丝。

2018 年“双 11”期间，该品牌参与了“DOU+ 购物车”的电商联动。作为首个汽车行业的参与者，在 DOU+ 的精准引流之下，凭借优质创新的视频内容，在 48 小时内获得 1037.7 万播放量，总互动人数突破 90 万。该品牌精准定位了受众人群，搭配抖音好物、电商卡片和购物车等模块，实现了跨平台的电商跳转。近 20 万用户被导入天猫官方旗舰店，大大提高了潜在消费人群的黏性，是一次非常成功的引流。

2019 年情人节，该品牌乘胜追击，与抖音推出的年度新品 Top view 再次牵手，开启全球首秀。短片由 3 秒的开屏画面，将用户带入呈现完整信息流的品牌 TVC，精美优质的广告画面达到了近 1.2 亿的曝光量，用户总点击次数高达 1466 万。该品牌也凭借此次颠覆了传统的沉浸感官体验了吸粉 10.5 万，创造了 2019 年上半年蓝 V 增粉纪录。

该品牌作为首个汽车品牌加入短视频市场，成为“第一个吃螃蟹的人”，以绝佳的勇气和智慧充分享受到了短视频的流量红利。并且将积累的潜在客户转化为私域流量，积极联动经销商参与抖音官方宣传活动，通过“抖音挑战赛”再次扩大了粉丝规模。总而言之，该品牌的大胆尝试和创新，为广大蓝 V 账号打响了漂亮的第一枪。

7.4.2　多元化输出：持之以恒

该品牌一马当先地深入短视频领域，通过创新的宣传形式已经成为百万级蓝 V 大咖。但它并没有止步于此，而是继续保持优质的内容输出，在专业团队的创作和运营下，宝马蓝 V 账号以高质量的内容和多频次的互动再次沉淀了用户群体。

该品牌的营销方式也越来越年轻化和多元化，十分注重时效热点，两年以来从不缺席春节、情人节、圣诞节等重要节日，以及“双 11”“双 12”“6 · 18”等大型电商活动。

在 2019 年上海车展上，该品牌邀请了多位世界级车评人现场说车，并将这一极具专业性的原创内容上线抖音品牌馆。在 DOU+ 的流量扶持下，品牌高居抖音品牌榜榜首，吸引了近 14 万全新粉丝。

另外，品牌为了加强宣传效应，联合多位人气明星打造了多元化的视频内容，将“内容为王”和“粉丝经济”巧妙融合，借明星效应帮助蓝 V 扩大品牌曝光度，深入粉丝圈层吸引用户“路人转粉”。

在“顶级流量”的加持之下，品牌与产品均获得了极高的关注度，并引发了路人与粉丝的热议。

通过以上案例我们可以看出，该品牌一直不遗余力地进行内容生产，在众多企业蓝 V 账号中树立了一个优质榜样的形象。

到目前为止，该品牌仍旧在持续产出符合受众群体的优质视频，在不久的将来，蓝 V 账号的流量和粉丝将成倍增长，成为汽车行业精准引流的优秀典范。

7.4.3　品牌蓝 V 的成长之路：创新思维

该品牌蓝 V 账号的运营之路给我们带来了很大的启示。从初期的“零粉丝”“冷启动”阶段一路走来，该品牌勇敢尝试了全新领域的宣传方式，收获了一大批互联网汽车兴趣用户的关注。后续以优质的多元化内容，获得了受众群体的持续关注，以符合流量市场的营销方式，邀请多位高人气明星加入宣传推广矩阵，顺应了“粉丝经济”的大潮流。

同时，该品牌非常注重产品的个性化服务，而抖音平台的推荐算法正好帮助蓝V账号将不同偏好的内容分发给不同兴趣的用户。在大数据时代，该品牌充分利用了智能数据，更高效快速地与目标客户形成交互，将潜在客户导入私域流量，打造更加精细化的优质服务。

可以说，该品牌蓝V账号的成长之路，将品牌理念“创新”贯彻到极致，明确的主题定位、多元化的内容输出、有目标性的精准引流，都帮助品牌利用短视频市场敲开了“流量宝藏”的大门。

第 8 章　流量变现：有效的变现技巧，销量翻倍

运营短视频的最终目的，就是实现流量变现。正所谓流量在哪儿，钱就在哪儿，掌握了短视频的变现方法，也就掌握了短视频的盈利秘籍。

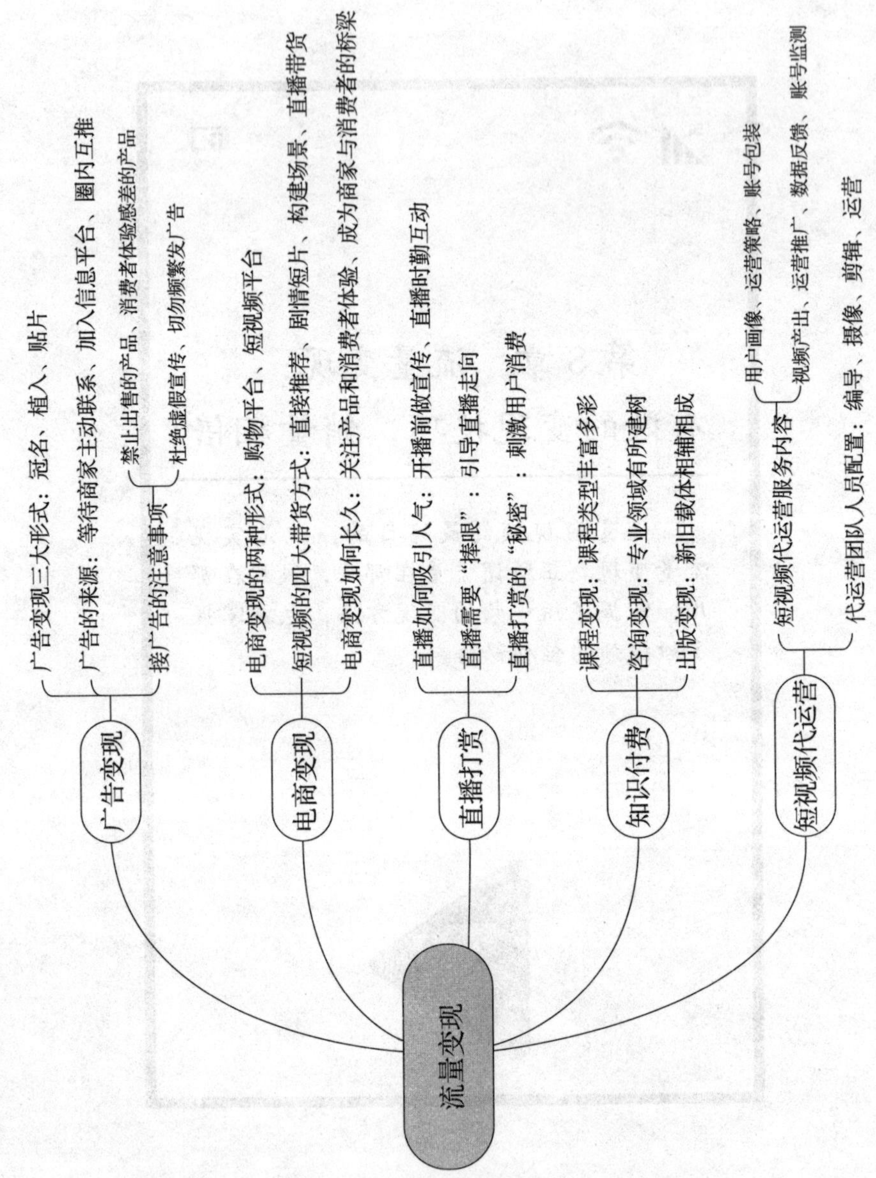
流量变现
广告变现
广告变现三大形式：冠名、植入、贴片
广告的来源：等待商家主动联系、加入信息平台、圈内互推
接广告的注意事项
禁止出售的产品、消费者体验感差的产品
杜绝虚假宣传、切勿频繁发广告
电商变现
电商变现的两种形式：购物平台、短视频平台
短视频的四大带货方式：直接推荐、剧情短片、构建场景、直播带货
电商变现如何长久：关注产品和消费者体验、成为商家与消费者的桥梁
直播打赏
直播如何吸引人气：开播前做宣传、直播时勤互动
直播需要"捧哏"：引导直播走向
直播打赏的"秘密"：刺激用户消费
知识付费
课程变现：课程类型丰富多彩
咨询变现：专业领域有所建树
出版变现：新旧载体相辅相成
短视频代运营
短视频代运营服务内容
用户画像、运营策略、账号包装
视频产出、运营推广、数据反馈、账号监测
代运营团队人员配置：编导、摄像、剪辑、运营

8.1　广告变现：方式最多样

短视频行业异军突起，使传统的广告模式发生了改变，许多广告主越来越偏爱短视频广告。现在，充分利用 KOL（意见领袖）在某个专业领域做广告宣推，已成为品牌营销的首选。

8.1.1　广告呈现三大形式：冠名、植入、贴片

短视频广告的呈现形式与传统广告有所不同，通常有三种形式：冠名、植入、贴片。

1. 冠名

冠名通常出现在各大综艺节目里，而在短视频行业中冠名广告暂时还不多，一般以添加话题、特别鸣谢和字幕明细为主。

如果我们是拥有较高粉丝数量的运营者，就能在这类商家发起的活动中获得广告冠名资源，按照账号的综合评分（粉丝数、转赞评论等）来计算广告费用。

2. 剧情植入（软广）

剧情植入是目前短视频变现中最常见的方式之一，我们经常能在各大网红大咖的视频中见到软广。

我们在视频中植入广告时，要注意切勿太过生硬，并且，要尽量挑选与账号风格相符的产品，才能达到较高的转化率。

3. 贴片广告（硬广）

贴片广告是视频中最明显、最外在的广告形式，属于“硬广”，尽管经常会被用户认为呈现形式略显生硬，但它有成本低、不影响视频内容的两大优势。通常，我们可以将贴片广告放在短视频片尾，时间不宜过长，

大概在 5 至 12 秒内用户的接受程度较高。

以上三种短视频广告是最常见的广告形式，无论是哪种方式我们都要着重关注产品，严格筛选、亲身试用，对消费者负责。只有以这样的心态去挑选合作商家，才能保证我们自身的信誉度，否则就会得不偿失。

8.1.2 广告的四大来源

我们了解了短视频的广告形式之后，一定迫不及待地想要尝试接拍广告，但是该如何获得这些广告的来源呢？主要可以通过以下四种方式：

1. 等待商家主动联系

当我们的粉丝达到数万之后，就会有不少商家私信我们寻求合作，一般他们会了解我们账号的受众群体和报价，同时商家也会介绍自身产品、告知需求等。

很多时候商家的合作信息会淹没在粉丝的来信中，所以，最好在个性签名中添加专门用于商业合作的联系方式，方便高效地处理商务信息。

不过，市场上的商家品质参差不齐，广告主是否可靠，产品是否有保证等，都是需要我们谨慎考虑的。一般合格的品牌都会有自己的官网、官方旗舰店、微博和微信公众号等，通过这些方式可以了解合作商家的可信度，帮助我们判断是否值得合作。

2. 通过信息平台寻求合作

承接广告发布的信息平台不少，我们可以注册成为流量主，设置自己的粉丝数量、短视频内容时长、宣传方式、报价信息等。广告主会在平台上寻找符合自己合作意向的流量主，同时我们也可以主动寻找合适的商家进行合作。

这类信息平台汇聚了大量的信息，为商家和运营者提供了一种自主匹配的方式。虽然平台会对广告主进行考核和筛选，但我们仍要注意核实对方身份的真实性。

3. 加入官方广告接单平台

前文提到的是综合类信息平台，这里我们将介绍短视频官方推出的接单平台。例如微博推出的“微任务”，快手推出的“快接单”，以及抖音推出的“星图”等平台，这些平台都是官方为了撮合广告主与流量主达成合作，专门推出的官方接单平台。例如：

抖音推出的“星图”平台提供了订单接收、签约达人管理、项目汇总、数据查看等功能，实现了内容交易过程中，多个角色之间的沟通与连接。

当我们拥有了一定的优质短视频资源，就可以入驻“星图”成为“达人”，选择广告主进行合作。官方接单平台的商家都是经过严格审核的，和其他信息平台相比较，流量主可以比较放心地选择合作。

官方广告接单平台对于流量主来说，可以拓宽变现方式；对于品牌来说，可以实现广告精准投放，是我们选择广告不错的方式。

4. 短视频圈互相推荐

广告的来源其实不限于我们与商家之间，也可以来自同行推介。俗话说“人脉即钱脉”，我们在运营短视频时，也要学会与同行交流与合作，营造“有钱大家一起挣”的和谐氛围。例如：

我们是做宠物短视频的运营者，有熟识的美食主播接到了宠物食品的广告，这可能与我们的视频内容、粉丝群体更加吻合，所以，他可以将这一单广告推荐给我们，从中收取一定的中介费。

总而言之，广告的来源多种多样，谨慎筛选合作商家，与同行达成良好共识，会帮助我们在广告选择上少走弯路。另外，在短视频账号上“打广告”，也是一门学问，要注意避免下面我们提到的三大问题。

8.1.3 接广告的注意事项

广告并不是越多越好，选择高质量且与粉丝群匹配的商品最佳。这里，我们为大家说明哪些广告不能承接，以及通过短视频打广告的注意事项。

1. 接拍广告禁忌

（1）禁止出售的产品

有一些商品是官方明文禁止出售，不允许通过网络平台进行宣传，例如烟草、医疗器械、金融产品、高仿产品、成人用品等。

这类商品触及法律法规，一定要注意避开这类广告，以免给自己的短视频账号带来不必要的麻烦。

（2）消费者体验感差的产品

一方面，我们要注重产品本身的质量，选择品质有保障的商品做宣传。另一方面，有些商品保质期短，或者在运输过程中极易受损，这类商品会使消费者在收货后体验感较差，对于产品的评价较低，同时也会影响短视频运营者的口碑。

2. 植入广告注意事项

（1）杜绝虚假宣传

有些商家提出的宣传要求不符合商品的实际情况，存在夸大事实、虚假营销的成分，这不仅是在欺骗消费者，也违反了广告法的规定。

对于这类要求我们要严词拒绝，否则，广告内容一经播放就会被用户举报，还有可能被平台查处，导致账号直接被封禁。

（2）切勿频繁发广告

短视频的核心始终是“内容”，我们不能因小失大，盲目接拍广告，丢失了最重要的内容。我们要以恰当的时机和方式推出广告，把用户体验作为追求目标，使广告变现成为短视频盈利的稳定方式。

8.2　电商变现：带货最稳定

电商变现一直都是各种媒介的主要变现方式，无论是从前的电脑端，还是如今的移动端，电商变现以它稳定的带货效果成为各大商家品牌的首选。

8.2.1　电商变现的两种形式：购物平台、短视频平台

电商变现就是我们俗称的“带货变现”，而它又分为两种形式——一种叫“一类电商”，另一种叫“二类电商”。两者的区别在于呈现短视频或直播的平台不同，一类电商是指直接在购物平台（淘宝、天猫、京东等）播放短视频或直播，达到推荐商品引导消费的目的。

二类电商则是在其他平台（短视频平台、门户网站等）以视频、直播或其他形式宣传商品，为购物平台的商品引流，消费者通过点击商品链接跳转到购物平台进行消费。

对于短视频运营者而言，我们常接触到的是二类电商，以短视频或直播的方式带货。

通过短视频带货的案例还有许多，近期抖音达人“多余和毛毛姐”经常在晚间直播卖货，每场直播的观看人数能达到 2 万，商品转化率较高，与品牌方形成了双赢局面。

另外，当我们拥有较大数量的粉丝之后，可能会接触到一类电商，比如会有购物平台的商家邀请我们作为嘉宾参与电商平台的直播。

总而言之，无论是哪种电商带货方式，都要基于我们本身的受众群体和产品质量的好坏来选择。所以我们要尽量选择与用户画像相匹配的高质量产品，让电商变现成为我们最稳定的盈利方式。

8.2.2 短视频的四大带货方式

短视频带货主要依赖于视频内容，不同的创作者会有不同风格的呈现方式。如今，许多网红大咖的一个带货视频就能实现上百万的销售额，实在令人羡慕。那么，我们如何通过短视频达到较好的带货效果呢？又有哪些带货方式可以为我们所用呢？

1. 直接推荐

如果销售功能性非常强的产品，我们可以开门见山地直接介绍产品性能，利用短视频“短、平、快”的优势特征，在几秒钟吸引住消费者的眼光，让他们对商品产生兴趣。

这类短视频必须要在前几秒内展示产品的亮点，或者提出有话题性的热点引起消费者的关注。而且，视频节奏一定不能拖沓，要把重点放在产品的性能上，直接展示使用效果。如果能发掘产品常用功能外的特殊作用，就能扩大消费需求，对视频本身也非常有好处。例如：

前段时间“凡士林的新用法”在网络上十分火爆，在此之前大众对凡士林的了解仅仅停留在它防冻裂的功能上。而这条短视频则开发了它的新功能——强效保湿，而且与其他保湿产品相比性价比更高。这条短视频一经发布，就成功变现，引发了消费热潮。

2. 剧情短片

这种带货方式是根据产品的特性编写一个剧情，再把它给演绎出来。在这个过程中，利用视频中的场景或台词从侧面展现商品的优势和特征。

通常这类剧情短片要尽量选择大众十分熟悉的场景，如生活中的家长里短、工作时的开心和烦恼等，要让消费者能够认同视频中的内容，从而达到接受产品，实现让消费者购买的目的。

3. 构建场景

在销售产品时，我们经常会为消费者搭建一个场景，将他们带入其中，起到“润物细无声”的效果。短视频带货同样可以运用这样的方式，不过这是一个比较高阶的玩法。

短视频带货已经成为流量变现的一大趋势，它与普通商业广告不同，利用短视频运营者与粉丝的垂直度和信任感，直接有效地推荐产品，相较传统广告有更高的转化率。

短视频运营者要想提高消费者的购买力，就需要选择符合自己粉丝群体的产品，创作适合产品的短视频内容。

4. 直播带货

直播用户规模庞大、购买力强，这种新型的卖货模式，已经将传统的“被动选择”转变为“主动推荐”，且覆盖区域广，转化率高。例如：

抖音曾推出了一款美食类直播节目，一经播出就引来大量关注。这款节目与传统的“吃播”不太相同，网友并不仅是停留于观看直播，而是让自己完全参与进来，进行“投喂”。通过这样的方式，主播在直播期间引导粉丝下单，形成一个良好的互动氛围。

这场创意吃播激发了用户的好奇感和参与感，就连钱枫本人都不知道自己下一秒会吃什么。可见，有创新的直播带货形式深受大众喜爱，并能激发消费者的购买欲，实现高效变现。

8.2.3　电商变现的长久之计

电商变现的方式多样，盈利效果较好，受到越来越多运营者的喜爱，要想将电商变现作为长久稳定的盈利方式，要注重以下两点。

1. 关注产品和消费者体验

短视频带货利用的是粉丝对于运营者的好感和信任，要想在市场上维持一个良好的口碑，就需要重点关注产品的质量和消费者的体验。

我们不能仅仅停留在“把产品卖出去就是成功”的思维层面，应该把用户的使用体验当作终极目标。这样才能形成良性循环，保证自身形象不受影响。例如名不副实的案例，需要我们引以为戒。

所以，要想将电商变现作为盈利的长久之计，必须把消费者体验感作为追求目标，保证产品质量，杜绝虚假宣传。

2. 成为商家与消费者的桥梁

市场调研是商家在研发一款新产品时必须要做的工作，而短视频具备了先天的市场条件，运营者可以通过直播的方式与消费者交流，帮助商家直观地认知市场需求，得到消费者的真实反馈，从而形成良好的商客关系。

这也充分展示了一个优质的短视频运营者对商家与消费者的责任感，将在业界和消费市场赢得良好口碑。短视频的出现改变了人们的消费方式，也促进了电商变现的发展。要想在这场流量争夺大战中占有一席之地，就要将消费者的体验放在第一位，维持长久稳定地发展。

8.3 直播打赏：变现最直接

直播行业由来已久，在短视频还未兴起的时代就已吸金无数，直播之所以能拥有如何顽强的生命力，很大程度上源于人们对情感的需求，如图 8-1 所示。

从上图可以看出，用户在观看某一主播或内容时，通过打赏能够获得心理满足。而且，用户还可以通过弹幕互动，与同时观看直播的用户画上“集体符号”，弥补心灵的空缺，在一定程度上找到归属感。简单来说，直播经济的发展依赖于“情感消费”，那么，我们该如何利用这种新型消费模式实现变现呢？

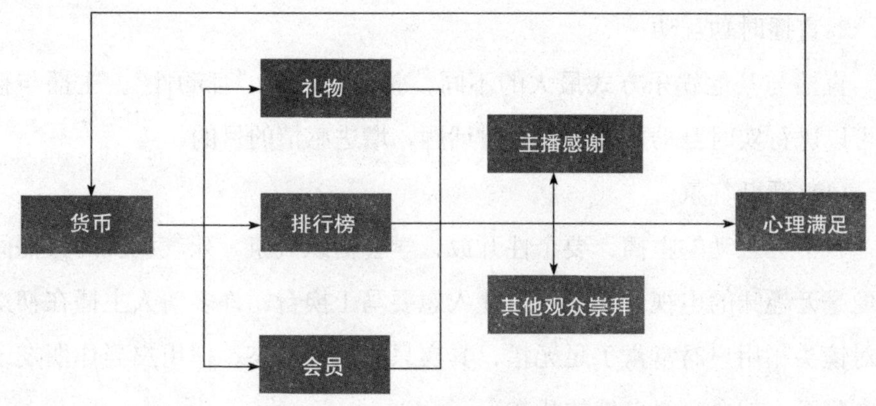

图 8-1　直播打赏的流程

8.3.1　直播如何吸引人气：宣传与互动

每一个高人气的主播都是从零粉丝的新手开始的，要想快速提高人气，就要做到以下几点。

1. 开播前做宣传

酒香也怕巷子深，现如今可以选择观看的视频和直播数不胜数。当我们的直播不被人知晓时，就算直播内容再精彩也无济于事。因此，在开播前我们必须做好宣传工作。

我们可以在开播前 1 至 3 小时发布短视频，首先，平台会为我们的视频分配一定的流量；其次，如果自然流量不太可观，可以在开播前半小时投放推广，提升直播间的曝光率。例如：

在抖音平台直播前可以对短视频投放一波“DOU+”，平均 100 元可以为视频增加 5000 的播放量。用户在观看你的短视频时，如果非常感兴趣，自然而然地就会进入了你的直播间。DOU+ 是一种帮助短视频与直播同时收获人气的最好方式。

另外，我们还可以在个性签名中标明直播时间，形成固定的直播模式，以培养粉丝的观看习惯。

2. 直播时勤互动

直播与其他娱乐方式最大的不同，就是它具有“互动性”，主播与粉丝可以进行实时互动，以达到探讨话题、增进感情的目的。

（1）活跃气氛

一个会互动的主播，要个性开放，学会活跃气氛。死气沉沉的直播间就像毫无趣味的电视节目，只会让人想要马上换台。许多新人主播在初次面对镜头和用户时常常手足无措，其实只要放松心态，把用户当作朋友一样去聊天，就会有很自然的状态。

（2）准备话题

开播前一定要确定本期的探讨话题，避免在与粉丝一问一答的交流结束后出现冷场的局面。主播要在直播时占据主导权，寻找与粉丝的共同话题，比如学习和工作中的烦恼和趣事，或者热门影视剧、综艺节目等，通过这样的交流能够丰富直播内容，并且拉近与粉丝之间的距离。

（3）增进感情

用户在观看直播时，想要从主播身上获取娱乐价值和心理满足。因此主播要懂得打“感情牌”，做到像家人朋友一样给予粉丝情感上的慰藉。同时，直播间也是用户与用户之间的社交平台，主播要发挥引导作用，加强直播间里这个小群体的凝聚力，形成较强的粉丝黏性。

8.3.2 直播需要“捧哏”：引导直播走向

我们在直播时通过弹幕与粉丝进行互动，通常一条有趣的弹幕就能引发“蝴蝶效应”，在一定程度上决定了直播内容的走向。

一般情况下，直播前需要确定主题、拟订脚本，弹幕作为一场直播“起承转合”的重要元素，对直播内容至关重要。

比如有些话题不适合由主播本人提出，更适合以弹幕的形式引出，那么，此时就需要一位专业“捧哏”，帮助掌控直播的流程走向。通常我们会安排几个“自己人”充当粉丝，适时地抛出一些弹幕问题，引导接下来的直播内容，与主播形成一唱一和的呈现方式。

8.3.3　直播打赏的“秘密”：刺激用户消费

直播打赏是最直接的变现方式，想要引导消费者对主播进行打赏，除了增强与粉丝的情感纽带，也要在一定程度上刺激消费。

许多积攒到一定粉丝量的网红，会与直播平台形成合作，低价买入大量直播礼物，在直播时，由“自己人”进行打赏，以此来营造直播间高人气、高打赏的红火场面。通过这样的方式，为粉丝制造打赏氛围，促进消费。

本节内容介绍了如何提升直播间曝光度和用户留存率，促使用户“为情感买单”。不过，要注意的是，直播打赏虽是你情我愿的消费行为，但切勿过度营销、透支粉丝的信任度。

总而言之，直播是为消费者提供服务，是一种互动式的娱乐方式，要在合规合法的情况下进行，不能投机倒把破坏市场秩序。

8.4　知识付费：前景很可观

《知识的边界》一书中提道：“当知识变得网络化之后，房间里最聪明的那个，已经不是站在屋子前头给我们上课的那个，也不是房间里所有人的群体智慧。房间里最聪明的，是房间本身：是容纳了所有的人与思想，并把他们与外界相连的那个网。”

我们可以想象，人们将多么热衷于这张“最聪明的网”，而移动互联网的发展，也让知识付费这张“网”焕发了无限生机。目前，最主要的知识付费方式有以下三种。

8.4.1 课程变现：课程类型丰富多彩

课程变现是内容变现的经典方式之一，是依托于短视频行业的巨大消费市场出现的一种新型内容营销模式。目前，越来越多的人借助网课，学习更多的生活工作技能，而网课也以性价比高、自由度高的核心优势，成为移动互联网时代的新型学习方式。

通常，运营者会将学习内容制成短视频发布，吸引有兴趣的用户观看，用户可以点击屏幕下方的购物车标志跳转页面，选择自己的心仪课程并付费购买。

我们在确定课程时，首先要了解潜在用户的信息，比如兴趣爱好、年龄、地区等，根据消费者的需求去调整产品的定位。例如：

我们如果要开设一门关于“文案”的网课，首先要进行市场调研，从而得知对“文案”课程有需求的用户是大概在 22 至 35 岁之间的上班族。他们大多集中在北上广深等一、二线城市，有较强的消费能力和消费欲望，每晚 8 点之后的时间是空闲的。

当我们获得了潜在客户群的信息之后，可以按照他们的实际情况设计具体课程，比如，可以是初出茅庐的文案新手课，也可以是高阶文案进修班等。

除了上述例子中的专业类课程，许多稀奇古怪的教学也深受短视频用户的喜爱，例如，黄瓜的 26 种吃法、在家如何做葫芦丝、一秒钟变废为宝等。正所谓“高手在民间”，这类课程的兴起给每个人提供了创造自我价值的平台和机会，让每个人都能被学习、被尊重，最大限度地发挥所长实现流量变现。

8.4.2　咨询变现：专业领域有所建树

想要通过咨询变现，首先要在某一领域得到大众认可，从而吸引用户付费咨询。目前比较热门的咨询类型有：职业生涯咨询、律师事务咨询、健康咨询、情感咨询等。

其中，情感咨询属于利润空间较大的咨询类型。许多短视频运营者抓住大众的“情感痛点”，为用户提供情感咨询服务。例如：

在情感领域非常有名的一位“情感导师”，他经常参加各类家庭情感节目，发表了许多经典情感语录。快手平台的许多运营者将他的“名人名言”整理成视频发布出来，引发了众多用户的关注。

而后，运营者将这群用户引流至自己的公众号或其他私域流量中，转化成情感咨询的潜在客户。通常，一次咨询费用可以达到 400 元左右，可以说，这是一种比较高效的变现方式。

以上案例为我们提供了一种咨询变现的新思路，总而言之，无论是作为哪一领域的咨询师，都要尽可能地缩短客户的咨询时间，帮助客户快速高效地解决痛点问题，让他们达到理想或是超乎理想的状态。

想要以这样的方式在众多咨询师中脱颖而出，首先要做好定位，确定自己擅长的咨询领域。咨询变现与课程变现有所不同，充满乐趣的生活化课程能够与专业课程一样被大众喜爱，但咨询师一定是在某一领域有所建树的专业人士才能获得用户的认可。

在做咨询的初期，切勿操之过急地招揽一大批客户，最好是从一对一的咨询开始，保证每个客户都能享受最精细专注的咨询服务。

8.4.3　出版变现：新旧载体相辅相成

出版变现是在短视频运营达到成熟的阶段，运营者个人 IP 在专业领域有固定的粉丝群体之后，根据自身阅历和资质出版书籍。

想要依靠图书出版盈利，作者在专业领域要有很高的造诣，并且出版的图书类型要与短视频内容相符。否则，就算运营者拥有超高人气，在与自身不相干的领域出版图书，效果会很不理想。在出版变现方面有不少成功的案例。

总体来说，图书出版与短视频的发展是相辅相成的，两者都是以内容为核心。在"内容为王"的时代，我们可以充分利用传统图书和新型媒介作为内容的传播载体，让有价值的内容能够被更多的人看到。

8.5 短视频代运营：专业要求高

短视频行业的流量红利吸引了一大批品牌商家入驻，这类企业在短视频领域缺乏经验，他们往往需要专业的短视频团队帮助他们运营品牌账号，短视频代运营行业就此诞生。

如果我们想通过代理运营短视频盈利，首先要清楚短视频代运营需要为客户提供哪些服务，组建一个专业的运营团队需要配备哪些人员。

8.5.1 短视频代运营服务内容

短视频代运营是一个完整的服务流程，涵盖了前期策划、中期运营推广、后期数据反馈，涉及方面广泛，具体内容如表 8-1 所示。

表 8-1 短视频代运营服务内容

服务内容明细	1. 用户画像：根据客户需求，确定受众群体属性
	2. 运营策略：包括渠道、内容、用户运营
	3. 账号包装：账号名、头像、主页画面设计
	4. 视频产出：短视频选题、策划、脚本编写、制作
	5. 运营推广：整合短视频推广资源，配合宣传矩阵
	6. 数据反馈：根据市场数据总结反思内容和运营策略
	7. 账号监测：对账号安全、权重等实施监测

1. 用户画像

我们在为客户制定用户画像时，首先要了解客户的需求。如果对方是商家，其目的是宣传产品实现带货；如果对方是个人，可能需要着重打造个人 IP。我们要根据不同客户的不同需求，提炼受众群体的属性。

我们先大致了解一下短视频市场的整体用户情况。

CNNIC《第 42 次中国互联网统计报告》和 6 大核心短视频平台数据显示，短视频男女用户比例为 48:52，可见短视频用户性别基本持平。

从年龄数据报告分析，整体用户偏年轻化，24 岁以上的用户过半。从用户所在省份来看，三四线城市达到一半，并且呈现出从沿海向内陆纵深的分布规律。

在清楚了短视频行业的整体用户概况以后，我们就要以此为基础，根据客户需求为其制定具体的用户画像。例如：

某日系女装小资品牌，根据品牌风格和服饰特征，我们可以拟订一个初期用户画像：18 至 30 岁女性，大学生或都市白领，小资文艺青年，热爱阅读观影，三线以上城市。

以这样的方式大致能提炼出一个比较符合品牌定位的受众群，再根据这类人群的特征和偏好制定拍摄内容和运营策略，将会是一个不错的开端。

2. 运营策略

短视频运营主要包含三个方面：渠道运营、内容运营、用户运营。

（1）渠道运营

短视频渠道运营，主要是指与主流短视频平台或视频内容分发渠道合作。但并不是所有客户都可以与平台渠道合作，一些大品牌本身具备合作资质，更容易形成资源置换实现合作。

另外，国内短视频平台较多，每个平台的用户调性和内容定位都有区别。如果要做垂直细分领域的内容，首先要分析不同短视频平台用户的特征，以此来确定是多平台同时运营，还是专注单一平台运营。

（2）内容运营

短视频内容要谨遵“深度垂直”的原则，确定好用户群体之后，就要专注做这一领域的短视频。视频内容越“垂直”，吸引的潜在客户就越精准，流量变现也就越轻松。

如果为了覆盖更广的人群推出不符合运营定位的视频，只会弄巧成拙，遗失粉丝。而且，保持账号的活跃度，定期更新视频也相当重要，这有利于培养用户的观看习惯，巩固受众群。

（3）用户运营

短视频的代运营不仅停留在将视频投放出去就结束，更多是为了使流量变成留存用户，帮助客户实现变现，因此用户运营至关重要。

账号积累的所有粉丝都是潜在的消费群体，可以建立粉丝群、在其他社交平台分享更多信息等，通过这样的方式与他们加强互动、增进感情。

3. 账号包装

短视频的账号名称、头像、个性签名、背景壁纸都是为账号“人设”服务的，所以要确保整体风格的一致，给用户留下良好的第一印象。

通常，商家会有自己的产品名和logo，账号包装比较简单。但要打造一个个人IP，首先需要确定一个简单响亮的名字，搭配显眼的头像，让人过目不忘。

4. 视频产出

许多短视频创作者都是科班出身的专业人员，他们拥有娴熟的制作技巧；但短视频与传统影视剧、综艺节目不同，需要跳出固定的思维模式，以用户视角和思维，去策划、制作短视频内容，避免出现“孤芳自赏”的窘境。

一个好的内容产出者，会以用户为核心，懂得结合热点，创作出符合潮流的优质短视频内容。想要达到这种效果，不能急于求成，需要一个长久坚持、不断进步的过程。

5. 运营推广

短视频代运营团队除了专业技术要过关，拥有人脉资源也十分重要，仅凭团队单打独斗，效果不会太理想。如果能与网红大咖合作，发起平台活动，在官方流量的加持下，视频的传播范围会有显著提升。

如果缺少这方面的资源，利用自媒体平台做推广也是一个可行方案。例如传统视频网站、音乐平台、微博、今日头条、微信公众号等，都可以投入少量推广资金，帮助账号引流。

6. 数据反馈

在短视频发布之后，要为客户提供用户的数据报告，根据市场反馈和客户需求，按照实际情况适时调整运营策略。这类直观数据，是检验短视频代运营团队是否合格的关键要素，能直接影响客户与我们的合作意愿和态度。

7. 账号监测

短视频的内容输出要符合平台的规定，一旦触及“禁区”将会对账号造成不可挽回的后果。因此，必须实时关注平台的规章制度，包括负面的热门话题，都不要涉及。

8.5.2　代运营团队人员配置

短视频代运营分为搬运和原创两种类型，搬运视频比较简单，所需人员较少，在这里就不细说了。对于原创短视频而言，起码需要配备 4 个职位，如图 8-2 所示。

图 8-2　短视频代运营团队人员配备

1. 编导：总领全局

编导是一个团队的核心，一人身兼多职，要负责确定主题、策划内容、撰写脚本、现场导演等。简单来说，一个视频的质量如何，与编导能力的好坏有直接关系。

2. 摄像：布景拍摄

对于高质量的短视频来说，优质的摄像必不可少。如果想拍出唯美画面，就需要一个专业摄像，并且精通灯光、场景、造型的搭配，尽可能地完善每一个画面细节。

3. 剪辑：后期制作

普通的短视频剪辑非常简单，许多手机剪辑软件就能满足需求。但如果要做专业度较高的宣传片或剧情片等，就非常需要一个专业的后期剪辑师。

常用的电脑剪辑软件是 Pr（Adobe Premiere Premiere Pro），它提供了采集、剪辑、调色、调音、添加字幕等一整套功能，完全能够满足我们的创作需要。另外，视频剪辑可能需要编导的配合，帮助剪辑师提炼视频主旨，让内容更具观赏性，符合客户需求和用户喜好。

4. 运营：发展策略

短视频代运营自然离不开“运营”，视频制作完成后何时发布、如何提高曝光度、如何提升用户留存率、如何促进分析进行消费……这些都是运营人员需要考量的问题。

并且，运营人员要时刻关注热点，了解市场需求，分析用户喜好，向编导反馈最新数据，帮助编导对视频内容做出调整。

本节内容为大家介绍了短视频代运营的服务内容和人员配置，想要通过这种方式盈利，是一个循序渐进的过程，组建一个高效的团队会是一个良好的开端。同时，我们在与客户的合作中也要注重积累资源，扩充人脉，这对今后的长期发展有重要作用。

第 9 章　短视频 + 直播：抓住短视频的新浪潮，成为超级 IP

在短视频的发展过程中，人们将短视频与其他平台或功能相结合，碰撞出许多不一样的火花，不少新鲜玩法就此诞生。这些创意组合在享受短视频带来的红利时，也反哺了短视频行业，两者相辅相成，将创造更多的可能。

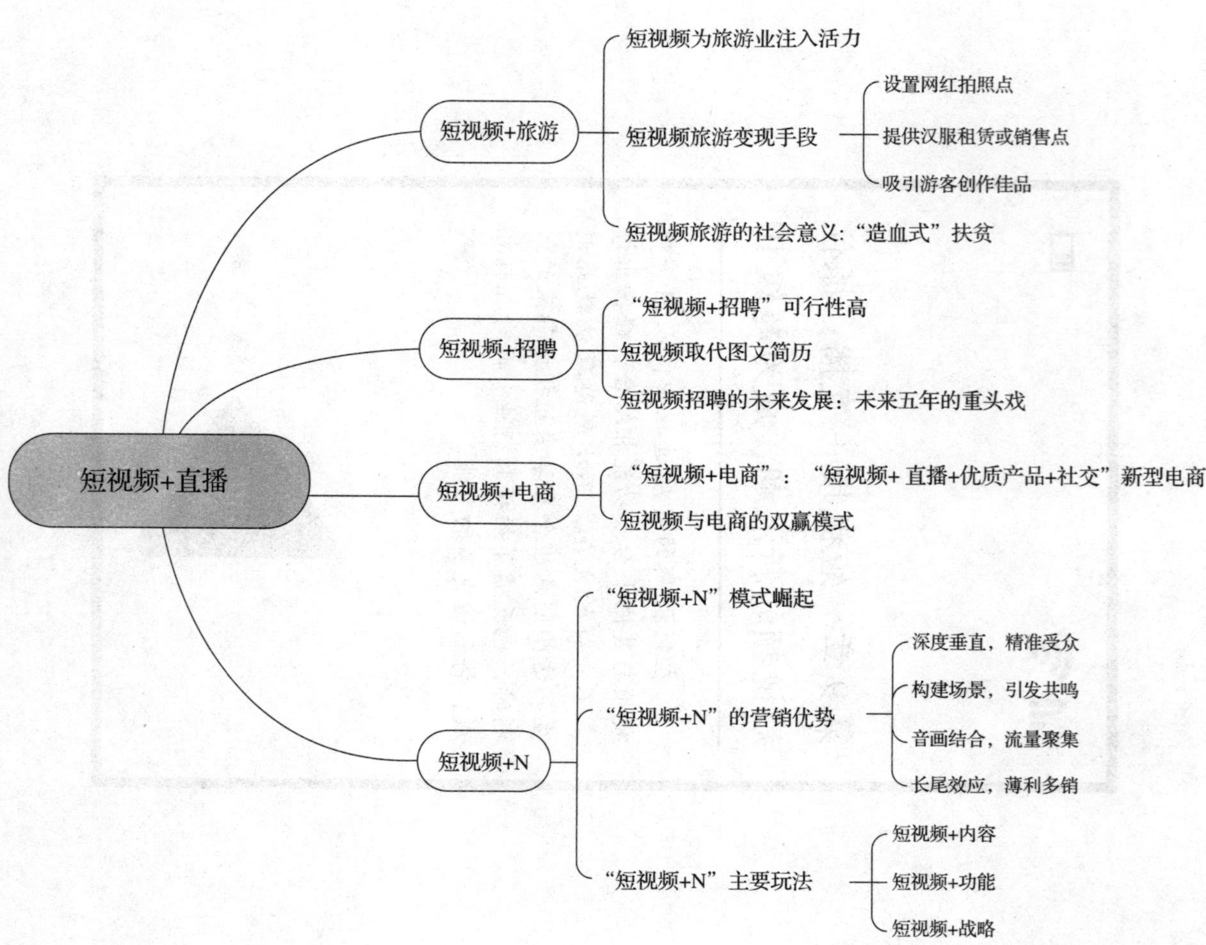
短视频+直播
短视频+旅游
短视频为旅游业注入活力
短视频旅游变现手段
设置网红拍照点
提供汉服租赁或销售点
吸引游客创作佳品
短视频旅游的社会意义："造血式"扶贫
短视频+招聘
"短视频+招聘"可行性高
短视频取代图文简历
短视频招聘的未来发展：未来五年的重头戏
短视频+电商
"短视频+电商"："短视频+ 直播+优质产品+社交"新型电商
短视频与电商的双赢模式
短视频+N
"短视频+N"模式崛起
"短视频+N"的营销优势
深度垂直，精准受众
构建场景，引发共鸣
音画结合，流量聚集
长尾效应，薄利多销
"短视频+N"主要玩法
短视频+内容
短视频+功能
短视频+战略

9.1　短视频 + 旅游："景"上添花

短视频的出现已经悄然改变了人们的生活方式，许多人在出游前会查看短视频旅行攻略，在旅游途中也会用相机记录日常，待旅行归来之后积极与他人分享旅途体验。

于是，短视频与旅游业一拍即合，"短视频 + 旅游"的新玩法应运而生，本节内容我将带大家一起了解在短视频流量的加持之下，旅游营销的升级之路。

9.1.1　短视频为旅游业注入活力

短视频行业的普及让"云旅游"和"数字旅游"走向大众。近几年来，通过短视频带火的旅游景区数不胜数，许多"网红打卡地"成为游客们争相追逐的旅游胜地。

1. 短视频拉动区域宣传

自 2018 年短视频行业爆红开始，以抖音为代表的热门平台中，大量用户发布了各个极具代表性的旅游胜地，比如张家界玻璃栈道、重庆洪崖洞和轻轨穿楼、大理洱海、西安摔碗酒、四川浮云牧场、西宁茶卡盐湖等。这些视频内容在短视频平台获得了超高关注和广泛传播，引领了现象级的旅游风潮。

2018 年 11 月 29 日，抖音官方发布了《县域景点数据报告》，报告显示抖音用户在全国 152 个县域景点中进行了视频"打卡"，且视频总播放量已经突破 1000 万。这充分显示了短视频巨大流量背后，强有力的宣传能力。

其中，最具代表性的"网友打卡地"是四川省稻城亚丁景区。它在 2018 年成为抖音最受网友喜爱的热门旅游地之一。仅 2018 年上半年，稻城县就接待了来自国内外各地的游客达 70 万人次，同比增长近 56%。

2. 旅游营销模式升级

短视频已逐渐成为旅游营销的新利器，而抖音作为短视频行业的领军人物，自然在第一时间抓住了商机。2018 年 4 月，抖音与西安旅游发改委达成合作，计划以抖音全系列产品为依托，定制城市主题挑战、打造抖音版西安文化旅游宣传片，联合抖音达人亲临现场深度体验，形成全方位的包装推广。

抖音在西安设立了团队负责人，与当地政府保持良好沟通，在景点选择、拍摄手法、呈现效果和宣传方式上达成了统一意见，最终效果也非常理想。截至 2018 年 4 月 30 日，抖音平台关于西安的名胜景点、美食小吃等相关视频总量达到 61 万条，总播放量突破 36 亿次，总点赞数量近 1.1 亿，包括抖音海外版中的“西安挑战赛”总播放量也超过 1200 万次。

此次抖音与西安当地政府的合作，吸引了大批量的用户专程前往西安“打卡”。清明期间，西安市游客量大幅度增长，旅游业总收入同比增长约 50%。

另外，对于旅游 APP 而言，短视频也是一个非常高效的引流方式，以携程为代表的 OTA（在线旅游）应用，也积极投身于短视频的合作和运营当中，借助短视频的流量为自身引流。

9.1.2 短视频旅游变现手段

在短视频的宣传推广之下，大批游客涌入各类名胜景点，而景点要如何高效地利用这部分人群实现变现，是值得思考的问题。以下为大家提供几个案例，希望能对大家有所启发。

1. 设置网红拍照点

许多游客被短视频中的某一幅绝美画面吸引，想要亲临现场留下自己的身影，于是“网红拍照点”成为近年来比较热门的变现方式。可以在景点具有代表性的地方，设置一个秋千、藤椅、玻璃门等，或者以租赁的形式为游客提供无人机，让高空摄影成为该景点的亮点，激发游客的拍摄热情和创作欲望。

不过，许多与照片不符的网红拍照点已被游客曝光，所以在设置拍摄场景时切勿太随意、简陋，尽量为游客提供优美舒适的拍摄环境，才是长久之道。

2. 提供汉服租赁或销售点

短视频的发展使中国传统文化再次流行，某些优质短视频创作者，更将中国元素带向了全世界。如今越来越多的年轻人开始关注汉服，各地汉服文化节人流涌动，线上汉服售卖店一夜爆仓。

许多具有古风元素的名胜景点可以设置汉服租赁或是售卖店，为游客提供正规、正宗的汉服及配饰。

3. 吸引游客创作佳品

游客对于景区而言，既是消费者也是引流渠道，要注重引导游客在景区进行内容创作，以吸引更多的流量和关注度。

2019 年年底，火遍全网的“敦煌飞天”系列美图引发热议，吸引了众多短视频用户前往敦煌进行“打卡”。其实早在 2018 年中旬，敦煌就已入驻抖音“ DOU Travel”计划，与抖音合作举办了一场发布会，展示敦煌千年以来的历史风物和文化之美，但这种过于正统的宣传形式很难达到理想的效果，其传播力度远不如“敦煌飞天”Cosplay 系列（角色扮演）。由此可见，具有超强亲和力的新型传播载体，能够更好地获得大众认可。

9.1.3 “短视频 + 旅游”的社会意义

短视频行业持续火热，近 6 亿的用户规模引流了一场“跟着短视频去旅游”的时尚潮流。短短的数十秒就能让大众看到一座城、一片景的文化缩影，对于依靠传统宣传模式引流的旅游景点而言，无疑是一个发展良机。

许多地方旅游部门、景区和企业主动与短视频开启“联姻”模式，政务公号入驻短视频平台，亲自出马推动当地旅游行业的发展。例如：

2018 年 12 月 11 日，新疆哈密与快手平台达成战略合作，双方携手启动了“快手幸福乡村战略”等合作计划。北京快手科技有限公司副总裁龙安表示：“我们非常有信心让快手成为展示哈密城市魅力的新窗口，成为提升哈密人民幸福感的新平台。”

诸如此类的合作案例还有许多，比如广西壮族自治区、市、县（区）三级旅游部门全体入驻政务抖音号、湖北恩施加入抖音平台，成为开新发旅游城市的热门旅游景点……

另外，2018 年 9 月，国内首份全面解读短视频时代城市形象建设的白皮书发布，解读了各大短视频平台中热门城市及景点的形象建设。2019 年发布的《2019 年全国短视频创意发展研究报告》表明，各地政务已入驻短视频平台，成为城市宣传的官方窗口。

比较有代表性的短视频作品，比如《相聚乌镇》《成都有高手》等，都为带动当地旅游经济起到了重要作用。中国外文局当代中国与世界研究院传播中心主任孙敬鑫也在撰文中指出：“各地希望在短视频领域能有一番作为。”

同时，短视频也成为脱贫的有效途径，许多旅游扶贫工作已经从单一的售卖门票和特产转变为完整的旅游生态体系。

2019 年年底，人民网舆情数据中心发布的《短视频与扶贫报告》显示，短视频与电商、旅游等领域形成共同发展，以短视频的形式记录和传播贫困地区的乡土人情，这种“造血式”扶贫，充分赋予了当地人民真正脱贫致富的机会。

9.2　短视频 + 招聘：扶摇“职”上

大家熟知的相亲综艺《非诚勿扰》中，每个嘉宾都通过一段两三分钟的短视频展示自己。那么，在未来的求职和招聘中，我们是否也可以利用这一方式呢？

9.2.1　“短视频 + 招聘”可行性高

20 世纪 90 年代中期，以智联招聘、前程无忧、中华英才网为代表的互联网招聘网站占据了国内招聘市场。

直至 2005 年左右，随着互联网的迅速发展和创业热潮的涌动，国内涌现出一系列新型招聘网站。他们不断寻求和解决用户痛点，致力于解决求职和招聘双方的关键诉求，比如 BOSS 直聘、内推网、猎聘网等。当时，网络招聘的市场规模不到 6 亿元，经过了 15 年的发展，这个数字早已突破 90 亿元。

而大热的短视频行业，又为网络招聘行业指引了一条创新路线。菁客《2018 年中国移动社交招聘趋势报告》表明，超九成的公司接受视频简历，并认可视频简历的直观性；超四成的公司已经计划把视频简历纳入招聘流程。由此可见，短视频即将被各大企业雇主作为简历的一部分，成为筛选人才的一大必要途径。

并且，视频简历具有碎片化和可视化的特征，在一定程度上制造了观赏性和娱乐性。虽然，目前短视频招聘还没有形成发展规模，但不少企业已经纷纷入驻各大短视频平台，通过有趣的视频内容扩大传播范围，吸引关注度，从而达到招贤纳士的目的。

可以说，“短视频 + 招聘”的市场雏形已经显现出来，许多创业者和投资方已将短视频招聘作为新的商机，正在观望市场的发展和走向，随时预备加入新的"战局"。

9.2.2 短视频取代图文简历

当短视频已经成为人们生活中不可缺少的娱乐方式时，我们是否能给它赋予更多的实用性功能呢？在众多等待开发的短视频新玩法之中，"短视频 + 求职"成为热门话题。

毕竟即使一份写得天花乱坠的简历，也很难让招聘人员对求职者有最深刻的了解；而一条不过一分钟的短视频，却可以呈现最真实的自己。

我们可以说段脱口秀、展示一段才艺甚至是表演一个喜剧小品……无论是哪种形式，只要是能够充分展现自身能力与特长的短视频，就能帮助我们在众多求职者当中脱颖而出。例如：

北京某公司推出了一款以短视频为载体的招聘 App"抖聘"，为用户提供在线视频、视频面试等功能，2019 年获得数百万美元 A+ 轮战略投资。用户可以在推荐页面观看短视频，求职者可以左滑查看企业和招聘岗位详情，并进行在线沟通。

通过这种形式，求职者可以更完整地展示自己的外貌体态、言行举止、创造思维等，让招聘方看到更加立体的自己。而招聘方则能通过短视频呈现公司面貌、展现公司文化、提供招聘详情等，让求职者可以更加直观地了解公司的需求。

这种直观的呈现方式，能够让双方看到彼此的"庐山真面目"，在一定程度上避免了虚假信息导致的求职资源浪费。

9.2.3 短视频招聘的未来发展

国内就业市场在二十多年中不断进化和更替，从最传统的线下"供需见面"，到线上信息匹配，以及现如今的移动智能端在线沟通，都充分说明求职和招聘方式会随着社会和科技的进步不断演变出新的模式。

在信息依靠纸媒传播的年代，求职者对于企业的了解仅限于表层。当互联网得到飞速发展之后，求职和招聘双方的信息逐渐形成透明和对等的形式。但目前的简历仅限于图文形式，招聘方很难在众多求职者中筛选出符合公司需求的人员。而对求职者来说，对于企业的文化理念以及岗位需求仍然是知之甚少。

因此，在这样一个大的环境之下，“短视频 + 招聘”的模式正待开发利用。而且，短视频的智能算法机制，在很大程度上提高了雇佣双方的匹配效率，使双方能够更高效地筛选适合自己的职员或公司。

在未来的几年里，“短视频 + 招聘”的模式会快速打入就业市场，招聘方需要更生动的视频简历来了解求职者，而求职者也迫切需要更完整的视频信息来熟悉公司文化和业务。

现如今，已有多家招聘网站自主入驻短视频平台，短视频已经成为招聘方自我宣传的主要窗口。短视频招聘打破了传统的、刻板严肃的简历形式，以更加有“灵魂”的可视化视频内容，向雇佣双方传递有效信息。在庞大的就业市场的需求之下，我相信“短视频 + 招聘”将成为未来五年的重头戏。

9.3　短视频 + 电商：不可“货”缺

5G 技术的商业化应用，标志着移动互联网向着移动物联网时代进发，以短视频、直播为代表的新兴产业将全面提升内容生产力。当我们站在流量的风口上时，“短视频 + 电商”成为一条优质产业链，等待我们挖掘更大的商机。

9.3.1　“短视频 + 电商”异军突起

2019 年无疑是颠覆传统的一年，带货达人在“一夜之间”创下辉煌战绩，直播卖货销售额远超各大明星，许多老牌艺人在带货领域尽显疲态。“草根”出身的带货达人像一只独角兽正坐拥巨大的流量池，引得无数商家羡慕不已。

在被称为“电商直播元年”的 2019 年，各大商业巨头和小摊小贩都争相进入“短视频 + 电商”的市场里，希望分得一杯羹。无论是 BAT（百度、阿里巴巴、腾讯）、京东、字节跳动（今日头条、抖音等），还是在抖音爆红的“石榴哥”等，都在“短视频 + 电商”的新型产业链里吃到了流量红利。

可想而知，2020 年将进入“短视频 + 电商”的爆发期，并将依托短视频平台衍生出新的社交模式，形成以“短视频 + 直播 + 优质产品 + 社交”为主的新型电商。

同时，这种商业模式具备了多维度产业的特性，利用智能大数据推荐机制，帮助商家通过互联网社交的方式完成推广，并能高效地对接线上线下消费者和分销商。这也是短视频与电商能在品类繁杂的流量池里占据一席之地的重要原因。

9.3.2 短视频与电商的双赢模式

5G 时代的到来，让网速“没有上限”，短视频和直播都将再一次迎来质的飞跃。如今，人们的生活方式和消费方式都在短视频行业的影响下发生了巨大变化，在未来的十年里，短视频大战将向着新的方向再次升级，流量争夺一触即发。

在抖音、快手等热门短视频平台的背后，暗藏着无数流量，而在这个流量大行其道的时代里，短视频与电商的结合实现了和谐共赢。

目前，以淘宝、京东、拼多多为代表的电商平台，都依托短视频开发出了全新的营销模式，在商品展示界面增添宣传短片，让用户对商品有更清楚直观的认识。数年前，电商平台大多用静态图片填充商品详情页，而现在，商品的使用方法和优势特征都能以动态影像的方式呈现，直接影响了商品的购买率。例如：

淘宝某鞋类旗舰店以优质女鞋为主营商品，在以前还没有运用到短视频展示商品的时候，许多顾客无法通过简单的图文了解商品的穿搭细节，即使咨询客服也未能有满意的答复。

而在有了短视频功能之后，顾客能够通过视频更加直观地看到实际穿着效果，重复性的咨询问题也随之减少，短视频不仅能更好地展示商品，还为商家节省了时间，实在妙哉。

在未来，短视频和电商的组合或许还会出现更多的可能，其实早在 2018 年就曾有传言透露，淘宝将尝试独立孵化短视频 APP“独客”，虽然目前还没有看到实际结果，但这无疑也代表了短视频与电商合作升级的新风向。

比淘宝更快接触“短视频 + 电商”模式的美拍，在 2017 年就已经上线了“边看边买”功能，在观看短视频的过程中，用户可以直接点击视频中的链接购买商品，既不影响观看，也快速达成了交易。

而现在各大短视频平台都实现了骄人的带货成绩，短视频与电商结合所带来的经济效益有目共睹，获得了市场的广泛认可。

值得注意的是，短视频虽然拥有丰富的流量资源和潜在的消费群体，但也存在流量变现的难题。而电商平台在经历了长时间的发展后虽然拥有了稳定的货源，同时也面临着急需突破传统营销模式的压力。“短视频 + 电商”的合作正好促使两者实现了和谐共赢。

9.4　短视频 +N：未来的变现利器

自短视频行业火爆以来，越来越多的人开始探讨“短视频 +”的商业模式，无论是平台玩家还是商界大佬都积极入局。短视频以其碎片化、大众化和易于传播的独特优势成为如今炙手可热的变现渠道，虽然目前整个市场已处于较为稳定的平静期，但“短视频 +N”的新玩法依然热度不减。

9.4.1 “短视频 +N ”模式崛起

自 2016 年以来，短视频行业持续不断地加速升温，各平台、投资大佬、创业者们都盯着短视频这块巨型流量蛋糕，想要玩出新花样。

胡润研究院发布的《第二季独角兽指数榜单》表明，今日头条（抖音、西瓜视频、火山小视频）、快手等短视频平台都在计划转型，这标志着在不久的将来短视频能为各大商家带来新的玩法和挑战。

从大众习惯而言，用户花费在观看或创作短视频的时间和精力呈现稳步上涨的趋势。用户日均使用短视频应用的有效时长也在 2019 年超越了长视频。截至 2019 年 12 月月底，短视频的用户规模也以 32% 的同比增长速度突破了 8.2 亿的月活跃用户数，距离长视频的月活跃用户数仅相差 1 亿多。可见短视频行业的发展势头迅猛，市场空间巨大，各项数据指标超越长视频指日可待。

从市场形式来看，“短视频＋直播”的商业模式已经趋于成熟，诸如“短视频＋知识问答”“短视频＋房地产”“短视频＋相亲”等新组合日益崭露头角。

而大众熟知的“短视频＋平台”的商业模式在两年时间里迅速崛起，各大商家和投资方都将短视频与自身的核心产品或服务相结合，期待呈现万众瞩目的引爆效果。

除了短视频平台和传统视频网站之外，许多互联网大佬也纷纷加入战局，以阿里巴巴（淘宝、天猫）、腾讯（QQ、微信）、京东、拼多多、美团、新浪微博、今日头条等为代表的热门平台，都把短视频视为未来发展的重要战略。

2018 年 7 月，手机淘宝上线了短视频商品详情展示页面，希望通过短视频化的商品呈现方式，增加用户浏览时长和活跃度，从而提升消费者的留存率、购买率和复购率。

总体来说，“短视频 +N”的新型商业模式已经深入人心，各行各业都在积极探索能够与之相匹配的新功能，“短视频 +N”将是未来商业营销的必然趋势。

9.4.2 “短视频 +N”的营销优势

短视频的算法推荐机制让拥有共同兴趣爱好的人能够快速找到同伴。短视频用户在智能大数据的帮助下，像随身携带了一个能量磁场，在贴有共同标签的集体里，产生信任感和归属感。而短视频平台打造的 KOL（意见领袖）身后，正是在垂直领域的精准受众群，这对于后期的流量变现起着重要作用。

传统营销会为某个产品搭建一个大众熟悉的场景，而短视频营销则放大了这种形式的优点，利用真人出镜、结合实事热点的方法，以真情实感打动用户，从而刺激消费。“短视频 +N”的营销模式与生硬的广告植入有所不同，能够从品牌理念、产品性能以及包装风格上着手创作高质量的原创视频内容，引发用户共鸣，制造热点事件。

短视频改变了传统的图文宣传模式，将音画效果合二为一。低廉的制作成本和较短的制作周期冲击了传统的专业化广告宣传片，在一定程度上解决了广告主和制作团队“成本高、耗时长”的痛点。因此，“短视频 +N”的模式赋予了商家在短期内聚集流量、引爆话题的能量，迎合了市场需求多元化的发展特征。

另外，短视频的用户规模呈井喷式增长，大量的用户把观看短视频当作主要的日常娱乐手段。因此，对于商家而言，短视频营销具有“长尾效应”，虽然只能从每个消费者身上赚取少量利润，但愿意消费的受众群体却有很多。这就是我们俗称的“赚很少的钱，但要赚很多人的钱”。综上所述，“短视频 +N”的营销模式有以下四大优势，如图 9-1 所示。

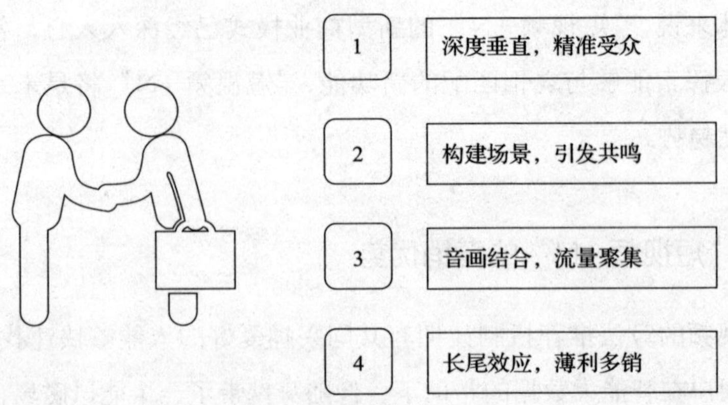

图 9-1 “短视频 +N”的营销模式四大优势

9.4.3 “短视频 +N ”主要玩法

短视频行业的大热，意味着当代互联网用户已经习惯通过视频形式获取信息，因此，各类互联网平台基于短视频开发了许多主流玩法，大致可分为以下三种模式。

1. 短视频 + 内容

短视频作为内容的传播载体，用以宣传产品引流用户，这是一种比较浅显的玩法。

2. 短视频 + 功能

以自身平台或产品特征为主，将短视频作为辅助功能，帮助产品实现优化、转型或扩张的目的。这种模式能够为品牌增强用户黏性，提升用户忠诚度。

3. 短视频 + 战略

这种模式是结合短视频的内容特征、呈现形式、平台流量以及用户习惯，为产品形成一条完整的营销服务链。不拘泥于短视频平台或自身产品平台，将宣传和消费场所扩张至其他线上线下领域，打造一个完整的短视频生态系统。

未来，短视频将以“精品化内容营销”作为核心发展战略，融合各行各业的营销模式，在真正意义上占据流量的“风口浪尖”。

第 10 章　直播带货：带货百万的必备秘诀

从本质上来说，短视频直播带货就是一种销售。衡量一场直播成功与否的重要标志，便是销售业绩如何。在短视频直播过程中，有的直播间一场直播带货上亿，有的直播间却悄无声息。之所以造成这种差距，除了产品品质、价格优势和直播销售员的个人魅力之外，最关键的因素还在于销售技巧。

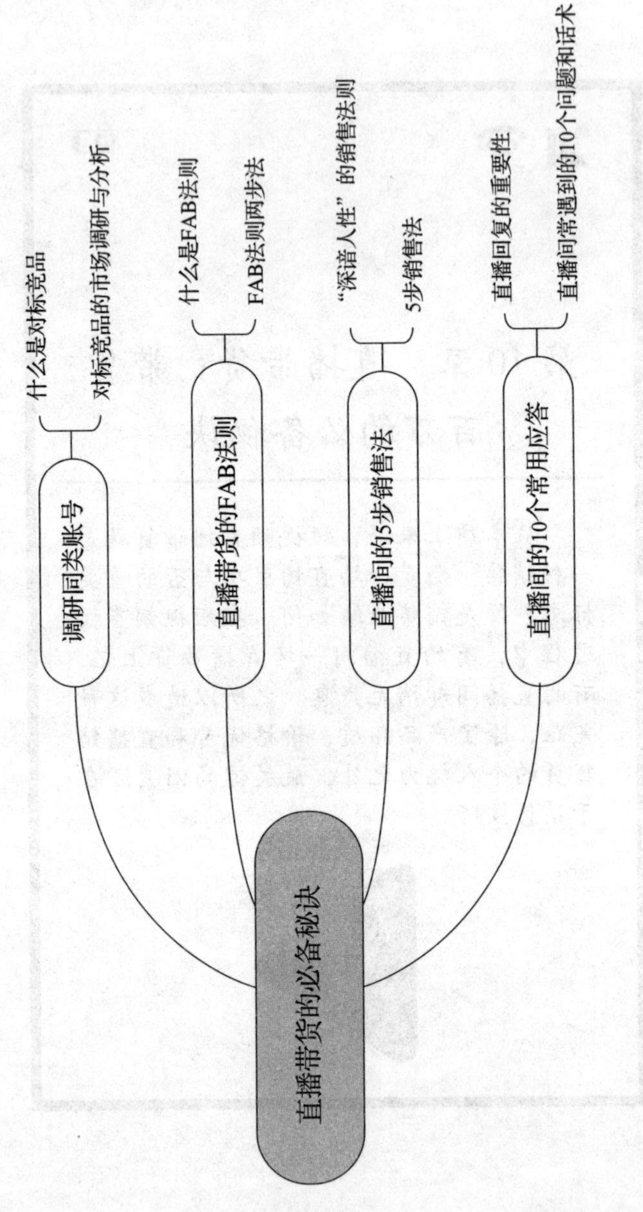
直播带货的必备秘诀
调研同类账号
什么是对标竞品
对标竞品的市场调研与分析
直播带货的FAB法则
什么是FAB法则
FAB法则两步法
直播间的5步销售法
“深谙人性”的销售法则
5步销售法
直播间的10个常用应答
直播回复的重要性
直播间常遇到的10个问题和话术

10.1　寻找直播对标竞品，调研同类账号

直播带货无论是卖何种产品，在直播前都应该去各大平台看一看同类型的内容和账号，列举 3 个好的案例，再列举 3 个反面教材，最好能找到对标账号和内容，在他的基础上做优化和创新。比如，想要推荐健身产品或服务，可以去各大平台搜索健身主播，借鉴他们的直播形式和卖货方式。

事实上，这种方法就是我们常说的“竞品分析”，即在正式直播之前，要找对标竞品，调研同类账号。

10.1.1　什么是对标竞品？为什么要对其进行分析？

在做对标竞品分析之前，我们需要先了解到底什么是对标竞品。顾名思义，对标竞品就是指竞争产品，也指竞争对手的产品。在直播平台上，凡是与我们同类型的直播都是我们的对标竞品。

一般来说，对标竞品分为核心竞品、重要竞品和一般竞品三个级别。

以我们自己的直播账号为基准点，那些高于我们且非常有竞争力的竞品为核心竞品；高于我们但是竞争力一般的竞品为重要竞品；在我们之下或者竞争力不如我们的竞品为一般竞品。

对于核心竞品，如果我们的确难以与之竞争，那么就可以学习他们的长处来优化自己，实施避强定位；如果是重要竞品，我们可以分析他们的优势，继续优化自己；如果是一般竞品，则不需要花太多时间，只需研究一下他们的劣势，避免自己出现同样的问题即可。

知己知彼，百战不殆，这就是我们做竞品分析的主要原因。大到上市企业，小到街边小摊贩，要想在直播里立于不败之地，持续地做

竞品分析必不可少。而把直播当作“生意”的我们，当然也要做好竞品分析。

具体来说，做对标竞品分析主要有以下五大原因，如图 10-1 所示。

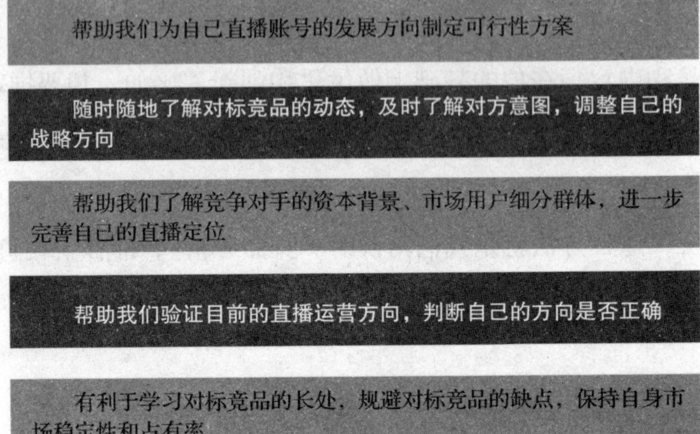

图 10-1　做对标竞品分析的五大原因

10.1.2　对标竞品的市场调研与分析

关于调研，大家在找到自己的同类型直播账号后，可以先统计该账号的相关数据，比如该直播账号的流量有多少、营收有多少等。

对标竞品如何分析才是科学、专业的呢？以下为对标竞品分析的三大核心内容，可以帮助我们判断自己的直播属性，找到准确的定位。

1. 用户习惯

用户习惯和消费体验决定直播账号所能达到的战略高度。我们要对竞品的用户行为、消费、体验、情感等进行分析，即进入其直播间来观察主播的营销方式，研究其定位、用户角色，还需要对购买该直播间产品的用户进行口碑调查，从而揣摩直播平台的用户习惯，找到用户喜欢的点，运用在自己的直播平台上，培养出用户习惯。

2. 核心价值

核心价值是自己直播账号的核心竞争力，我们要给直播的设计、细节、定位等赋予价值，这个价值可以让用户在使用过程中停留，并产生购买产品的心理。

3. 延伸服务

延伸服务做得好可以帮我们获取更多的益处，有很多竞品之所以做得好，不是因为直播账号的原因，而是直播间的互动、售后服务等做得好，更合用户的心意。

做好以上三大核心内容的竞品分析，可以帮助我们了解直播账号是否能吸引用户、满足用户需求。总而言之，在直播平台用户内容生产日益同质化的情况下，要更注意细节，在用户体验上下功夫，以便能让更多的用户关注我们，从而提升带货的效率。

10.2　短视频直播带货的 FAB 法则

2019 年“双 11”淘宝直播带来的成交接近 200 亿；“口红一哥”创下 5 小时销售 353 万的奇迹；某主播一天的直播收入就可达到公司上市要求；海南的直播销售员，一场直播销售贵妃芒 30 多万元……

是什么让直播带货力如此强大？除了产品品质、价格优势和直播销售员个人魅力之外，直播销售员的营销技巧也功不可没。

如果我们将直播间看作是线下门店，那么，在直播间卖力“吆喝”的直播销售员就是门店导购员，那些通过各种渠道进入直播间的用户就是顾客。而要想让顾客在店里消费，作为“导购员”，直播销售员就应该掌握正确的销售法则和有效的销售技巧。

本节我将为大家介绍直播销售员们常用的一个直播卖货法则：FAB 法则。

10.2.1 什么是 FAB 法则

FAB 是英文单词 Feature（属性）、Advantage（作用）和 Benefit（益处）的缩写。要想更好地理解 FAB 法则，我们不妨从理解 Feature、Advantage 和 Benefit 这三个单词开始。

图 10-2 FAB 法则

从图 10-2 中可以总结得出，所谓的 FAB 法则，就是从客户事实出发，分析产品的优势，进而得出产品给客户带来的收益。这种典型的说服性演讲结构，能够做到有理有据，更具有说服力。

说到这里，大家可能对 FAB 法则还是有一点陌生，那我们不妨通过一个生动有趣的经典案例更直观地去感受一下什么是 FAB 法则。

一只猫非常饥饿，很想大吃一顿。这时候，猫的主人走过来，给了猫一百块钱，但猫却没有任何反应，依然趴在地上一动不动。

过了一会儿，猫主人见猫还是没有动静，就对它说：“猫先生，100 块钱可以买很多条鱼啊。”听完猫主人的话，猫想了想，还是没有动。

又过了一会儿，猫主人再次走过来对猫说：“猫先生请看，我给了你

100 块钱，这 100 块钱能买很多条鱼，你就可以大吃一顿了。”猫主人话音刚落，猫飞快地捡起钱，跑出了门。

在这个略显梦幻的案例中，猫主人给猫钱，但猫没有反应，因为这 100 块钱只是一个属性（Feature）。

猫主人第一次对猫说：“猫先生，100 块钱可以买很多条鱼啊。”这时候，卖鱼就是这些钱的作用（Advantage），但猫依然没有动。

猫主人第二次对猫说：“我给了你 100 块钱，这 100 块钱能买很多条鱼，你就可以大吃一顿了。”这时候，不仅有了属性（100 元钱），有了作用（买鱼），还有了益处（可以大吃一顿了）。于是，猫飞快地捡起钱跑出了门。

这其实就是一个完整的 FAB 法则，相信通过这个案例，你对 FAB 法则也有了更深的了解。

10.2.2　FAB 法则两步法

FAB 法则在销售中运用非常广泛，在日常生活中，我们经常会感受到它的存在。比如，当女生去商店买鞋子时，售货员一般都会这样对她说：“这双鞋子是皮毛一体的，非常暖和，就算是再冷的天，您穿上它，都不会冻脚。”销售员的这番话其实就运用了 FAB 的销售法则。

FAB 法则之所以会被广泛推广和使用，除了它用起来简单之外，还因为它符合人们的思考方式，能够产生很好的效果。

具体来说，FAB 法则的运用又可以分为以下两个步骤。

1. 第一步：确定需求

当用户选择在直播间买东西时，他们往往并不是为了购买服装本身，而是希望能够通过这件商品去满足自己的某种实际需求。

FAB 法则的运用前提是要充分了解用户的实际需求，因为客户的需求从某种程度来说，决定了 FAB 法则的整个走向。

比如，如果用户的实际需求是价格便宜，而在直播卖货的过程中，直播销售员却一直在强调产品的特性，那么，就很难引起用户的共鸣；如果用户的实际需求是追求高品质，在直播的过程中，直播销售员却一直在强调价格的低廉和实惠，那么，客户也不会感兴趣。

由此可见，为了让 FAB 法则产生最大效用，在运用 FAB 法则前，一定要首先确认客户的实际需求。具体来说，你可以从以下三个方面去了解客户需求。

(1) 直接提问

在直播的过程中，直播销售员可以直接询问用户想买什么样的产品，是物美价廉的，还是以品质取胜的？是男装，还是女装？或者直接给用户列出选项，让用户做出选择。

(2) 通过和客户的交流间接探知

在直播的过程中，带货的主播多和用户进行交流互动，并从互动中去探知客户的实际需求。比如，可以和用户聊一聊平时喜欢什么风格、什么类型的产品，并从用户的回答中去寻找"蛛丝马迹"，然后对这些"蛛丝马迹"进行分析，找到客户的实际需求。

(3) 制造需求

制造需求是指引导用户的需求，为用户创造出新的需求。比如，直播销售员可以在卖货的过程中向用户介绍新产品、发放优惠券、开展秒杀活动等，让一些原本没有购买计划的用户在其他条件的刺激下，最终产生需求，做出购买举动。

2. 第二步：使用 FAB 法则进行产品销售

当确定了用户的实际需求后，就可以用 FAB 法则进行产品销售了。作为一种常见的说服技巧，FAB 法则的销售逻辑其实十分简单，用一句话概括就是：我们的产品是 F 的，它可以 A，让您使用时有 B 的益处！

（1）我们的产品是 F

即告诉用户你在直播间销售的产品是什么，包括产品的面料、版型、做工、水洗方式、所用的辅料等。在描述产品的属性时，应尽量去描述那些客观存在的、区别于其他竞品的属性。比如，这款连衣裙是蚕丝面料的。

（2）它可以 A

阐述前面提到的产品特性会带来什么样的好处，发挥什么样的作用。比如，蚕丝质地的裙子在夏季穿着更凉爽。

（3）让您使用时有 B 的益处

站在用户的立场，去建立产品与客户实际需求之间的联系，即告诉客户通过购买这件产品，他将得到什么益处。比如，这款连衣裙能够展示出迷人的身材。

需要注意的是，FAB 法则的运用顺序也不是固定不变的，可以根据实际情况和实际需求去调整顺序。比如，在实际运用中，你可以把 FAB 转换成 BAF，即先说出产品能为客户带来的益处，然后再分析原因。不管你最后采用什么顺序，你的最终目的都是为了抓住用户的注意力，让用户爽快下单。

为了让大家更好地感受一下 FAB 法则的魅力，我们专门对直播销售员在卖货时运用的一般说辞和 FAB 说辞进行了一个对比。

表 10-1　直播间一般说辞和 FAB 说辞的对比

一般说辞	FAB 说辞
这款相机很好用的	这款产品拥有 1200 万像素的单摄像头，它支持 OIS 光学防抖功能，拥有 f/1.8 的超大光圈，能为您带来专业相机的拍照效果。
这件衣服穿了很舒服的	这件衣服是全棉面料的，它具有很好的吸汗作用，不仅穿起来特别舒服，而且能够更好地呵护宝宝娇嫩的肌肤。
这款衣服的设计版型很好的	此款衣服采用的是贴身的版型设计，它可以充分地体现出您迷人的曲线身材。

最后，我想说的是，随着直播卖货的日益风靡，我们可以预见，未来

加入直播卖货阵营的商家和直播销售员会越来越多。要想在激烈的竞争中始终屹立于不败之地，你就必须学会用脑子、用技巧去取胜。在这个过程中，希望 FAB 法则能够助你一臂之力。

10.3 直播间的 5 步销售法

或许你会问，应用 FAB 法则到底该如何培养语言组织能力呢？这个问题很现实，但是解决方法看起来又很笨，其方法就是“一万小时定律”，即不停地说、不停地模仿、不停地创新，这三点就是成功的秘诀。如果你能把我下面所讲的 5 步销售法深谙于心，并不断练习，相信你的语言组织能力一定会有所提升。那么，5 步销售法到底有哪些呢？

10.3.1 “深谙人性”的销售法则

谈到卖产品，在营销界有这样一个成功定律——深谙人性。意思是说，作为销售员，你要把东西有效地推销出去，就需要做到将语言和人性结合起来。这个销售定律，在日常生活中随处可见。

比如，如果你是女士，当你进入一家服装店后，导购员一般都会对你进行糖衣炮弹的轰炸，在各种甜言蜜语的攻击下，相信你会和大多数女性朋友一样沦陷并最终买单。

如果你是男士，当你陪另一半逛商场时，导购员一般都会对你的另一半一顿猛夸，明里暗里地暗示“买单的男士最绅士”，最后，你不得不掏钱买单。

在以上场景中，销售员便是运用了“深谙人性”的销售定律成功让你掏了腰包。

从本质上来说，直播带货也是营销的一种模式。只不过，相对于传统营销，由直播构建的虚拟购物场景，已经成功地将曾经响彻在狭小市场的叫卖声带到了实时互动的直播间里面。在直播的过程中，卖货主播所扮演的角色，其实就等同于服装店的销售员、超市的导购、美容院的顾问、电视购物里的主持人……其主要任务和终极目的，就是要通过直播把产品卖出去。

这也就意味着，“深谙人性”的销售法则对于直播卖货同样适用。

说到这里，可能很多人又会发出这样的疑问：“‘深谙人性’的销售法则在直播卖货中具体应该如何去体现呢？”答案很简单：在实际的直播过程中，主播们只需要按照以下五个步骤去操作，就能够真正掌握“深谙人性”销售法则。

10.3.2　直播间 5 步销售法

直播间的 5 步销售法具体内容如下。

1. 第一步：提出问题

提出问题需要结合消费者场景提出消费的痛点以及需求点，给用户一个购买理由。举个例子：夏天很重要的护肤就是防晒，那么不论是讲防晒衣还是防晒霜，前期最好要铺垫一下感受，浅浅地提出困扰，并让这些困扰成为直播间里瞬间活跃的话题。不要太假太夸张，要从实际出发，从一句简单的抱怨开始。

我们可以这样说：“今天又是个暴晒天啊，就羡慕那些皮肤晒也晒不黑的人，我的皮肤就是一晒就变黑，所以，虽然我很喜欢夏天，但是夏天的暴晒却让我非常痛苦。”这样浅浅地提出问题，不要深入讲，也不要立即引入产品，重点是引起话题和共鸣，充分调动用户积极性，将用户带入直播所需的场景。

2. 第二步：放大问题

放大问题要做到全面和最大化，把大家忽略掉的问题隐患尽可能地放大出来。结合以上的例子，把不做防晒的危害放大到一个高度，例如，直播时可以这样说："现在才刚刚进入初夏，要到秋天还有好几个月的时间呢，不管怎么躲到时候我也要变成黑人了，话说一白遮百丑，其实我不是怕黑，最重要的是怕丑！而且，紫外线有很多危害，好可怕。"

3. 第三步：引入产品

以解决问题为出发点，引入产品解决掉之前提出的问题。

继续以上的例子：防晒很重要，那通常都有哪几种防晒的方法呢？可以穿防晒衣，也可以用防晒霜、防晒喷雾、最新的防晒膏等等，然后逐一引入产品。但是这里还不要详细讲解产品，一定要 hold 住，先讲这些产品能解决之前提到的一些问题，将把好的结果愿景展现给大家。

4. 第四步：提升高度

详细讲解产品，并通过行业、品牌、原料、售后等其他视角增加产品本身的附加值。这个阶段就是展示雄厚的专业知识的阶段了，让粉丝对这款产品产生一个仰视的心理态度。

比如你可以从防晒的相关指数来做一个具体的解释："这款防晒的 SPF 指数是 50，说明能够在阳光下防晒 1000 分钟呢，而且它还是 PA+++ 呢，说明它可以延缓肌肤晒黑时间 8 倍左右，防晒时间长，适合长时间户外使用。"

5. 第五步：降低门槛

当你给用户介绍完该产品所有的相关内容之后，这个时候你可以兴奋地讲解该产品优惠渠道的优势、独家稀有紧缺程度等等，从而降低用户最后的购买心理防线，让用户开启产品的疯抢模式。

以上就是直播间的 5 步销售法，其实这种销售方法与平时正常环境的销售方法大同小异。对于主播而言，眼睛是看不见实体顾客的，因此，主播在这种要隔着屏幕自言自语的情况下，进行 5 步销售法，一定要注意话语的连接性，千万不能冷场，这样会导致直播间陷入比较尴尬的境地，粉丝也会觉得浪费时间而移步别的直播间。

10.4　直播间 10 个常用应答

与卖场直播不同，直播卖货的受众群体更大，这是因为商家直播的目的不是为了吸引某一个“会花钱”的粉丝，而是要吸引更多的粉丝来购买产品，让自己的店铺影响力越来越大。那么，在直播的过程中，面对形形色色的问题，主播是否该及时地回复呢？又该怎样正确地回复呢？下面我们向大家介绍直播间的 10 个常用应答，希望对大家有所帮助。

10.4.1　直播回复的重要性

在直播间里，观看直播的就是潜在的顾客，而顾客就是“上帝”，因此，顾客提出来的问题，主播需要给予及时答复。否则，直播间里的粉丝会觉得他们的存在感较低，提出的诉求不能及时得到解决，会在心里拉低对主播的印象。

除了从反面来论证直播回复的重要性，从正面来看，及时地直播回复能够起到以下作用。

1. 拉近与粉丝之间的距离

主播和粉丝相隔一个屏幕，在屏幕上的主播会给人一种虚拟感和距离感，如果主播能在直播卖货的过程中，及时地回复粉丝的问题，会给人一种接地气的亲切感。比如在某直播中，粉丝提出来的大部分问题他们都不厌其烦地去回答与解决，没有任何架子，他们真诚幽默地回答每一个问题，对于粉丝而言，更像是朋友。

2. 让直播变得“有话说”

有很多主播在直播的时候不知道说什么，从而造成直播间冷场和尴尬的局面，那么这种情况下，回复粉丝的问题就是一个很好的暖场工具。并且，对于很多直播新手而言，其直播时长有一定的规定，如果主播没有和粉丝互动的话题，那么，这个直播就做得很失败。

需要注意的是，如果碰到较多的粉丝提问，你可以先把粉丝的问题记下来，有相同或者相关性的问题可以一同回答，然后再按照提问的顺序来回答其他问题。这样会让回复效率变高，同时也会让粉丝感受到存在感。

10.4.2 直播间常遇到的 10 个问题和话术

在直播间里，我们通常会遇到各种形形色色的问题，我将最常遇到的10个问题作为例子列举在下面，为大家具体讲解其应对的话术。

第一，如果有粉丝问："这是几号宝贝，可以试一下吗？"这种提出让主播试穿要求的，说明粉丝对该宝贝至少产生了兴趣，需要耐心讲解。我们可以说："小姐姐，请先点击正上方红色按钮关注主播，主播马上给你试穿哦！"

第二，如果有粉丝问："主播多高，多重？"说明粉丝没有看背后信息牌的习惯。我们可以这样回复："主播身高170厘米，体重60千克，穿s码，小姐姐也可以看下我身后的信息牌哦，有什么想看的衣服也可以留言，记得关注主播哈！"

第三，如果有粉丝问："身高不高能穿吗？体重太胖能穿吗？"直播中经常会出现这样模糊不清的问题，需要耐心引导解答。我们可以这样说："小姐姐要报具体的体重和身高哦，这样主播才可以给你合理的建议哦！"

第四，如果有粉丝问："主播怎么不理人？不回答我的问题？"出现这样的情况，安抚粉丝情绪很重要，否则，就会永远失去这个粉丝。我们可以赶紧说："小姐姐，没有不理哦，如果我没有看到你可以多刷几遍问题哈，不要生气哦！"

第五，如果有粉丝问："3 号宝贝多少钱？"这样的粉丝比较懒，但已经表现出想购买的意思，需要耐心解答。我们可以这样说："3 号宝贝可以找客服，报主播名字领取 5 元优惠券哦，优惠下来一共是 39 元，屏幕左右滑动也可以看到各个宝贝的优惠信息，喜欢这件衣服的赶快下单哦！"

第六，如果有粉丝问："主播多大，几岁了？"提出这种问题的粉丝完全是出于好奇心，主播要保持一定的神秘性与隐私性，可以采取风趣幽默的回答方式，比如："小姐姐可以猜猜看，猜对了给你糖吃哦！"

第七，如果有粉丝问："5 号和 6 号宝贝比，哪个更好？"很多人都有纠结的情绪，因此在这种情况下，我们可以明确告诉粉丝："5 号宝贝适合什么样的人，6 号宝贝适合什么样的人，小姐姐你可以告诉我一下你是属于哪种类型的？"

第八，如果有粉丝问："主播身上的衣服是几号宝贝？"很多主播听到这种问题通常会有点生气，但是在直播间里还是要保持应有的耐心。我们可以说："我身上穿的是 9 号宝贝哦，每件衣服都会有对应的号码牌，屏幕左右滑动可以看到相应的优惠信息，下次一定要记住哦！"

第九，如果有粉丝问："夹克有吗？"提出这种问题的粉丝一般不会仔细浏览商品，因此主播要耐心引导。可以说："小姐姐可以点击左下角的购物袋，7 号和 8 号都是夹克呢，小姐姐看中哪件都可以告诉我，我给你上身展示哈！"

第十，如果有粉丝问："有秒杀吗？有抽奖吗？"提这种问题的粉丝大多更在乎价格优惠，但是这种粉丝也是直播间的常客，因此主播可以这样回答："小姐姐，今天我们的 4 号宝贝在晚上 9 点有秒杀活动哦，优惠 ×× 元，这个优惠力度很大，记得到时候过来秒杀哈！"

总而言之，作为电商主播，职责是卖货，因此要把微笑当作一种好习惯。并且，在直播间里，语速需要做到快而清晰，一定要反复操练话术，熟悉为止，这样才能在直播的时候做到信手拈来、侃侃而谈。

第 11 章　直播突发状况应对，变危机为机会

直播没有NG，也不可重来，在短视频直播卖货的过程中，遭遇各种突发状况在所难免。如何应对这些突发状况，也就成了衡量直播销售员职业素养和带货能力的重要标准。对于好的直播销售员而言，危机也能变成机会；而对于不合格的直播销售员而言，一点儿小的意外也可能成为直播“翻车”的导火索。

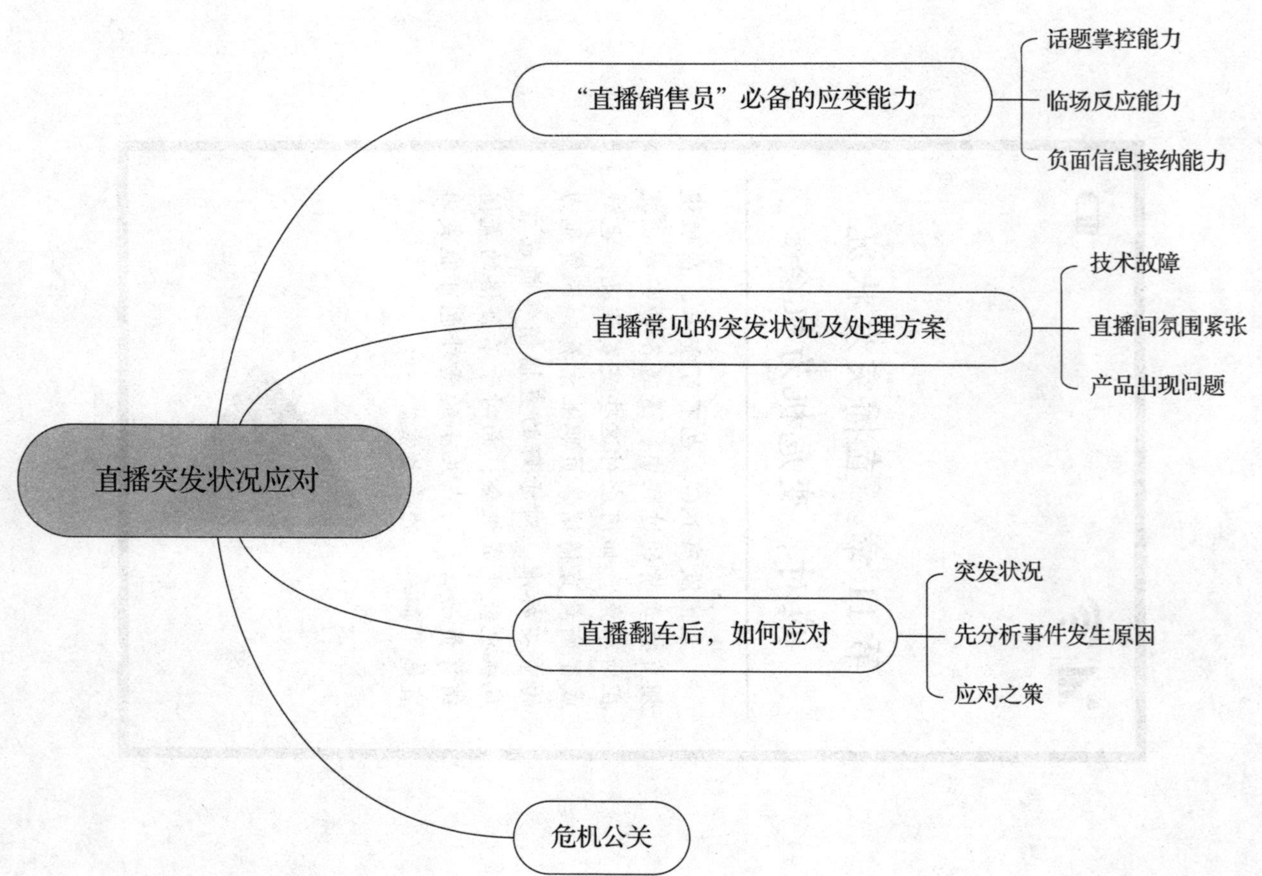
直播突发状况应对
“直播销售员”必备的应变能力
话题掌控能力
临场反应能力
负面信息接纳能力
直播常见的突发状况及处理方案
技术故障
直播间氛围紧张
产品出现问题
直播翻车后，如何应对
突发状况
先分析事件发生原因
应对之策
危机公关

11.1 直播销售员必备的应变能力

所谓直播，就是没有经过预演，直接进行播放。这也意味着在直播的过程中，发生突发状况在所难免。比如，观看直播的用户毫无征兆地提出尖锐的问题，突然断网或断电，准备好的产品在展示过程中出现状况等。

作为一名合格的直播销售员，一定要具有相应的应变能力，做到无论面临怎样的境况，都面不改色心不跳地从容应对。只有这样，才能让因意外而产生的负面影响降到最低。

那么，在直播卖货的过程中，直播销售员，究竟应该具备哪些应变能力呢？我认为主要有以下几点。

11.1.1 话题掌控能力

在一场直播中，直播销售员既要扮演主持人的角色，也要扮演推销员的角色，这两种角色对于语言功力的要求都是非常高的。而语言心理、语言效果以及话题掌控能力、又是决定直播销售员语言能力的三个重要层面，必须均衡发展，缺一不可。

直播最大的特点之一就是直播销售员要和用户进行深度的交流。在直播卖货的过程中，主持人一定要善于抓住核心话题，并能做到深刻地理解话题、就话题进行一定的发挥。只有这样，直播销售员才能更好地掌握直播间，带动用户交流。

此外，在直播的过程中，用户的表达往往是不受控的，也是没有经过任何彩排的，这也会导致某个用户可能会突然抛出一个棘手甚至对立的话题。面对这种情况，如果直播销售员不具备良好的语言功力和话题掌控能力，那么，直播就会受到一定的负面影响。而如果直播销售员具有良好的话题掌控能力，那么，就能够做到春风化雨、转危为安。

11.1.2 快速机智的临场反应能力

在直播的过程中，作为直播销售员，可能会碰到各种各样的突发状况。比如，展示的产品出现问题、直播销售员与直播团队中的其他工作人员配合失误、设定的环节未能按照计划顺利进行等。我们常说，一个人的潜力和智慧都是被逼出来的，往往越是这样的突发状况，越考验直播销售员的应变能力，也越锻炼直播销售员的业务能力。

直播销售员在直播间扮演的其实就是主持人的角色。所以，在应对突发状况时，我们也可以参考一些电视节目主持人的救场方式，比如，湖南卫视节目主持人汪涵曾经在《我是歌手》总决赛直播中堪称教科书式典范的救场。

11.1.3 负面信息接纳能力

由于职业的特殊性，直播销售员始终都是被粉丝甚至媒体高度关注的对象，在获得关注的同时，也会生成正面与负面的信息。作为直播销售员，虽然能够成为粉丝群体的影响者，但当某些行为与用户的期望出现偏差时，就会受到负面信息的干扰。如果直播销售员没有很好地处理负面信息的能力，那么，一旦负面信息开始扩散，就会对直播事业产生负面影响。

当然，许多时候作为直播销售员，或许无法在负面信息的发布源头上控制，但却可以提升应对负面信息的能力。对此，我主要有以下两点建议。

1. 放平心态，控制情绪

一个人在被指责、吐槽、非议时，都会产生强烈的心理波动，控制情绪从而减小心理波动幅度，有助于直播销售员渡过危机。这就要求直播销售员不要把注意力长时间放在负面信息里，多想一些愉快的事情。

2. 找到正确处理负面信息的方式

既然负面信息已经出现的事实无法更改，那么，采用正确的处理方式将其化解才是正确的选择。关于具体处理负面信息的方式，这里没有一个放之四海皆行的标准，需要直播销售员根据自己的具体情况而定。

以上为大家介绍了直播销售员必备的三大应变能力。相信拥有了这些应变能力，即便你面对着无可避免的直播突发事件，也能做到从容应对、不慌不忙。

11.2　直播常见的突发状况及处理方案

直播的最大特点便是永远没有 NG，在直播卖货的第一现场，总会有各种各样的突发状况发生，即便是知名度颇高的“头部直播销售员”，也曾在直播时面临意外。

那么，直播间通常会出现哪些类型的意外状况呢？面对这些意外状况，作为直播销售员又该如何应对呢？阅读本节内容，相信你一定会找到答案。

归纳起来，直播间最容易遭遇的突发状况主要有以下三类。

11.2.1　技术故障：断线、卡顿、闪退等

直播间最常遭遇的突发状况便是技术故障，比如突然断线、卡顿、闪退，或者是连麦出现问题等。关于这一点，相信有过直播卖货经验的“老

直播销售员”都深有体会。几乎所有直播销售员都曾遇到过技术故障，这其中自然也包括一些直播经验非常丰富的“头部直播销售员”。

比如，在某次直播活动中，“带货女王”就曾遇到了卡顿、掉线的情况。状况发生后，许多用户都在评论中表示无法看到画面，而直播和助理也一直在向用户道歉，并试图寻找现场网络和信号比较稳定的位置。

那么，当直播卖货遇到技术故障时，直播销售员应该如何正确应对呢？对此，我的答案是具体问题具体分析，并通过排查故障或更换设备等操作来恢复直播。

一般情况下，技术故障主要有以下三种，如图 11-1 所示。

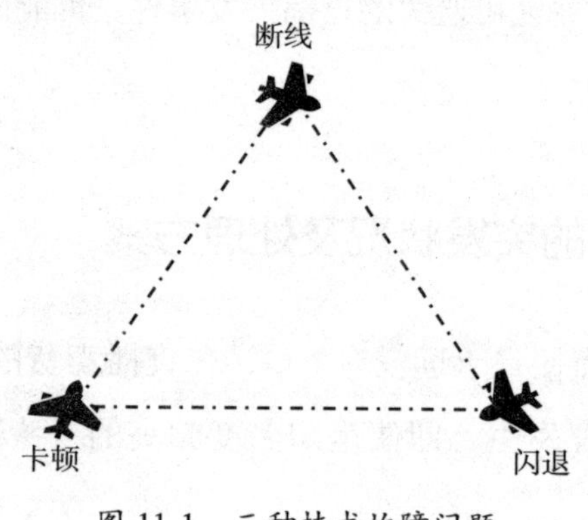

图 11-1　三种技术故障问题

1. 断线

如果出现直播突然中断的问题，原因一般有两种：一是网络问题；二是因为违规而被平台处罚了。

网络问题很好解决，切换到网络稳定的场景继续直播就可以了，正如一些案例一样。当然，在条件允许的情况下，最好能保证直播设备单独使用一条网络。如果是遭到了平台处罚，那么可以用直播销售员的账号登录平台 App 查看处罚原因和时长，再具体问题具体解决。

2. 卡顿

如果出现直播卡顿问题，原因通常也有两种：一是网络环境较差；二是设备配置不够，带不动直播。如果是网络问题，方法同上；如果是设备问题，那么，及时更换设备就可以解决问题了。

3. 闪退

闪退状况出现的原因也有两种：一是设备内存可能被其他程序占用；二是内存本身就不够。面对闪退情况，最好的处理方式是重启程序后再次登录。

当然，除了以上提到的三种主要技术故障外，直播卖货可能会遭遇的技术障碍还有很多，比如音画不同步、声音卡顿或是无声音等故障。不过，当故障出现后，通过检查相关设备、重启程序、检查网络、更换设备等方式，一般都能很好地解决。

11.2.2　直播间氛围紧张：助理插嘴、粉丝闹情绪等

除了以上提到的技术故障外，直播卖货最常遭遇的第二类突发状况便是因为助理插嘴、粉丝闹情绪等导致的直播间氛围的紧张。

毋庸置疑的是，虽然直播销售员赖以生存的“一亩三分地”——直播间并不大，但人员构成和工种却相对复杂，它涉及直播销售员与粉丝、直播销售员与助理、助理与粉丝、直播销售员与商家等多条关系链。这其中任何一条关系链出现问题，或者直播现场稍微出现一点儿消极互动，都可能引发直播“海啸”，导致直播间情绪的波动。

而一旦这种情绪问题产生后，作为直播核心的直播销售员必须及时做出反应，以化解尴尬、阻碍负面影响的进一步扩大。比如，可以用简短的几句话对情况做出解释，并安抚情绪，再以专业的态度再次迅速投入到产品介绍中，或者用红包、抽奖等形式转移用户注意力等。

总之，相比于技术故障，这一类突发状况显然更考验直播销售员的场控能力。

11.2.3 产品出现问题：质量问题、价格问题、链接问题等

作为“人、货、场”中最核心的一环，产品本身在直播中的重要性不言而喻。而因为产品出现问题而导致的突发状况也是最棘手的一类，处理稍有不慎，就可能直接导致直播“翻车”。

归纳起来，产品问题又可以分为质量问题、价格问题、链接问题三大类。

1. 质量问题

质量问题就是指产品本身的质量或性能在直播中出现问题，也就是俗称的“直播翻车”。这一类问题对于直播的负面影响，在前面的章节中我已经做过详细阐述，这里就不再赘述。

根据我自己的实际经验，通常对于服装类、首饰类等不涉及具体功能特点的产品，在直播的过程中较少会发生意外状况，但收货后会有一些买家投诉。关于这个问题，国家也正在制定和完善相关的法规和标准。而要避免因售后问题对直播造成负面影响，一方面要求直播团队在选品上多下功夫，另一方面则需要提高直播团队的售后能力。

而对于那些有功能特点的产品，如果在直播的过程中，直播销售员对产品不够熟悉或者操作失误，则更容易出现一些现场翻车事故。要想避免“翻车”，就要求直播销售员在直播前多熟悉产品，同时在直播时做到随机应变。

2. 价格问题

直播产品的“物美价廉”是直播最吸引人的地方，这也就意味着直播销售员，尤其是那些有一定流量的“头部直播销售员”，通常能够以“全

网最低价”拿到产品。有的直播销售员甚至还会与商家签订保价协议，以确保数月内不会再出现更低的价格。

然而，在实际操作中，并不是每个品牌或商家都能够遵守“最低价”约定，这也就导致了直播间直播的产品，有可能并不是真正的“最低价”。而一旦用户发现自己购买的产品并非最便宜后，就会直接导致用户和直播销售员之间的冲突。

比如，这样的情景就曾在某直播间发生过。

我们可以大致得出一个关于处理价格问题的正确方法和步骤：当直播销售员遇到价格问题时，首先要去核实；确认问题后，选择和粉丝站在一边，并针对此事表明自己的态度，必要的时候，可以选择不再与品牌合作。

3. 链接问题

除了以上提到的质量问题和价格问题，最容易出现的产品问题还有产品销售过程中的链接问题，比如链接出错、链接失效、价格出错、优惠券失效等。

当出现上述这些问题后，常规的处理方式应该是首先将产品下架，或者呼吁用户先不要购买，并对已经拍下了产品的用户道歉、退款。与此同时，第一时间与商家进行交涉更正，若问题得到了及时解决，则告知用户处理进展并推荐用户继续购买；若问题无法得到及时解决，则直接下架，正常继续后续商品的直播。

以上为大家介绍了直播间最容易遭遇的三类突发状况。当然，在现实的直播中，可能会出现的突发状况远远不止这些。要想完美地应对这些突发状况，就要求直播销售员在日常的生活工作中努力修炼应变能力，在直播前做到准备充足、在直播过程中做到仔细专业。

最后，我想强调的是，互联网是有记忆的，对于每一个直播销售员而言，每场直播都只有一次，永远无法剪辑或推倒重来。直播过程中无论出现任何问题，都不要影响直播的流程和进度。

11.3 直播翻车后，如何应对

提到直播“翻车”事件，最耳熟能详的莫过于“不粘锅翻车”事件了。应该说，导致不粘锅“翻车”事件的原因有很多，但抛开事件本身和事件发生的原因，单从事件发生后的反应来看，作为当之无愧的“头部直播销售员”，他无疑给后来居上的直播销售员们做出了很好的示范。

接下来，我们就一起来探讨一下直播“不粘锅翻车”事件发生后，当事者究竟是如何应对的。

11.3.1 突发状况

2019 年 10 月 9 日，当某直播者在直播中用标志性的语言向用户强烈推荐某款不粘锅时，他大概做梦也没有想到，几分钟后，他会遭遇自己直播生涯中最大的“滑铁卢”。

在分析此次直播“翻车”事件之前，我们不妨回到那场直播中去，重新梳理一下“不粘锅翻车”事件的始末。

在直播过程中，直播者在介绍不粘锅时，他的助手正面带微笑地将鸡蛋打在烧热的锅里。此时，一切并没有异样，但下一秒，画面就尴尬了，凝固的鸡蛋肆无忌惮地粘在了“不粘锅”上。

此时，助手显得有点儿手足无措，而主播仍然没有意识到问题的发生，还在一旁继续和用户互动：“我们让阿姨煎个牛排吧。”

又过了一会儿，主播才发觉情况不对，于是，试图救场的他从助手手里接过了铲子并强调：“它不会粘的，不会糊的。”遗憾的是，尽管主播嘴里说着“不粘”，可鸡蛋却完全不听使唤地牢牢粘在了锅里。

看到这种情况，直播间里的用户们开始不买账了，留言区里不断出现“垮了、粘锅了、哈哈哈哈”的留言，质疑的声音也越来越多。

到这里，事情并没有结束，就像“潘多拉”的盒子一样，一旦打开，麻烦便接踵而至。在不粘锅直播结束后，网络上出现了很多质疑主播推荐的商品存在质量问题、售后问题的声音。

除了粉丝和用户发出的质疑声，直播结束后，不粘锅品牌方也迅速发出了声明，表示直播所涉及的产品符合国家标准，并指出某些做法会引起不粘锅烹饪时发生粘锅现象，强调锅本身没有问题。

至此，直播“不粘锅翻车”事件愈演愈烈，他本人也因此陷入了从业以来最大的危机。

那么，在面对这场危机时，当事人又是如何应对的呢？

11.3.2　先分析事件发生原因

在分析直播者的应对策略前，我们先为大家分析一下事件发生的具体原因，以此来提醒直播销售员们更好地规避直播“翻车”。

归纳起来，原因主要有两点。

1. 碰了自己不懂的品类

众所周知，某直播间的用户以女性居多，产品而受众以女性为主的品牌会主动找他帮忙带货，比如这次直播“翻车”事件的不粘锅品牌。

然而，不管是直播者，还是品牌方，他们都忽略了一个重要事实。作为有过多年美妆护肤类产品导购经验的直播销售员，毋庸置疑，直播者是护肤品和化妆品方面的“专家”，所以当他在推销这类产品时，会显得游刃有余。但很显然的是，他并不懂也并不熟悉锅类产品。如果对产品不够熟悉，在直播的过程中，就有可能出现操作失误，从而增加直播“翻车”

的概率。

2. 用了完全陌生的展示品

某直播的直播间产品主要是以美容护肤品为主，这其中最为大家津津乐道的当属口红，而口红类产品最大的一个特点就是展示产品直接拿来就能用。但这样的试用方式显然并不适合锅类产品，对于这类产品而言，在展示前多试用、多熟悉还是很有必要的。

11.3.3 应对策略

应该说，正是以上提到的两点原因，导致了直播翻车事件。但不管怎样，“车”既然已经“翻”了，多说其他已是无益，关键还在于如何把“翻车”带来的负面影响降到最低，消除用户的质疑，重新建立信任。

在这一点上，直播者为直播销售员们做出了很好的榜样。归纳起来，他的应对策略可以总结为以下几步。

1. 第一步：直面问题，立即回应，真诚道歉

在“不粘锅”事件发生后，直播者第一时间在直播间回复了用户，称这一次直播翻车是因为助理在加热鸡蛋时没有放油，并且不粘锅的用法没有使用正确，所以事故的原因在于直播销售员自己，与生产厂家和产品并没有什么瓜葛，并真诚地就这次事件向用户道歉。

这种直面问题、诚恳道歉的态度，也为他稍微赢回了一些局面。

2. 第二步：立即下架涉事产品

在“不粘锅”事件发生后，直播者立即下架了相关涉事产品。这个举动，也有效地避免了事态的进一步扩大。

3. 第三步：接受媒体采访，阐述事情始末

2019 年 11 月 2 日，在“不粘锅翻车”事件发生近一个月后，直播者

接受了澎湃新闻的独家采访。

在采访中，直播者回忆了直播当天的具体情况，他提道：

“当时直播的时候，一开始使用的锅是我家里用的那口锅，用了好几个月的。当时想给大家做展示，煎一点薯条啊，香肠啊，展示一下不粘锅有多好用。同事怕我和小助理在展示时烫到或受伤，就急忙拿了另一口锅过来，这本来说是用来展示，结果误以为是煮过沸水的锅，直接开始煎鸡蛋，最后导致了粘锅的情况。”

他还表示，在直播间煎鸡蛋出现粘锅的现象，是因为在使用这款不粘锅时，没有经过说明书上要求的“用前先放入水煮沸后倒掉”的“开锅”过程。而当天他之所以会在直播间说“它不粘，它不粘”，是因为自己用了几个月从来没有粘锅。包括 6 月份拍了抖音视频，它都是不粘的。至于为什么在事件发生后没有立马回应，是因为不能没弄清原因，就直接把“锅”丢给品牌方，也不能把“锅”丢给同事，所以一直在找最负责任的答案。

除了对事情进行解释外，直播者还向记者展示了锅具说明书，并现场用旧锅、新锅做了试验。结果显示，使用旧锅无油煎蛋未粘锅，而使用新锅无油煎蛋则再次发生粘锅。

在采访视频中，他还幽默而真诚地表示，事情发生后，他和他的团队买光了附近商店的鸡蛋，反复试验了四五天，才发现问题出在没按说明书操作，“未过水煮锅”。

通过这次采访，直播者还原了事情真相，给了用户一个交代，也试着重新挽回用户对于自己的信任。

4、第四步：再次道歉，恳请监督

在完成了以上三个步骤后，直播者还做出了最后一个至关重要的举动，那就是再次就“不粘锅翻车”事件向用户道歉，并诚恳地提出希望在以后的直播中，能够接受大家的监督。

以上为大家分析了直播"不粘锅翻车"事件，希望大家从中可以汲取更多的危机处理经验。

11.4　危机公关

在直播的过程中，遭遇突发状况在所难免。许多直播销售员总是害怕发生意外，尤其害怕发生"翻车"事件。事实上，不管是意外状况，还是直播"翻车"事件，都没有那么可怕，甚至，如果处理得当，它们还能让直播带货"锦上添花"。在这一点上，网易严选就为我们做出了很好的示范。在一场被控诉产品侵权的危机事件中，网易严选"借力打力"，最终不仅成功化解了危机，还利用巧妙的危机公关促使产品买断了货。